KB252550

최고의 사업가는 어떻게 그 자리에 섰는가

최고의 사업가는 어떻게 그 자리에 섰는가

# 최고의 사업가는
## 어떻게 그자리에 섰는가

실수를 예방하고 성장을 이끌어 내는 100가지 룰

닐 루이스 지음 · 이종국 옮김

아라크네

|

남들과 다르게 생각하고, 실패에서 교훈을 얻어 다시 일어나
결국에는 뭔가를 만들어 내는 사업가들에게 이 책을 바칩니다.

|

## 사업의 성공은 '원칙'을 지키려는 의지에서 시작된다

인생이나 사업에서의 성공은 '원칙'을 지키려는 의지에서 시작된다. 비록 주변 사람들이 나와는 다른 이야기를 하더라도 내가 옳다고 생각하는 선택이 바로 옳은 것이다.

이 책은 오랫동안 사업을 해 온 내 경험을 바탕으로 사업가들이 지켜야 하는 100가지 규칙들을 나열한 것이다. 이 규칙들은 내 스스로 시행착오와 실패를 통해 개념을 정립하고, 수정하고, 입증해 왔다. 또한 일이 잘 풀리고 잘될 때에는 든든한 받침대가 되어 주었고, 일이 힘들고 모든 것이 잘 안 풀릴 때에는 다시 나를 세워 주었다.

이 책에서는 이 100가지 규칙들을 어떻게 실생활에서 풀어내고 적용할 것인지를 설명할 것이다. 또한 이 규칙들을 통해 실수하지 않으면서도 — 설령 실수했다 하더라도 — 그것을 통해 경험을 얻고, 나아가 성공의 경험을 공유해 더 큰 성공을 향해 나갈 수 있는 발판을 마련해 주고자 한다.

내가 생각한 것보다 더 좋은 책으로 만들어 준 해리먼하우스 Harriman House 출판사의 모든 분들께 감사를 드리고 싶다. 또한 말도 안 되는 나의 생각에 같이 웃고, 울어 주며, 나에게 큰 힘이 되어 준 가족과 친구, 그리고 동료 여러분께 큰 감사를 드리고 싶다.

마지막으로 밤늦게까지 책을 쓸 수 있도록 나를 자극해 주었던 이웃에게도 감사를 드리고 싶다.

## 사업에 관한 현실적인 조언을 담은 책

닐 루이스의 『최고의 사업가는 어떻게 그 자리에 섰는가』를 번역하려고 마음먹은 것은 순전히 출판사를 하시는 선배의 권유에 의해서다. 명색이 통역사 출신으로 번역서는 하나 내 봐야 하지 않겠냐는 설득이었다. 그동안 기자로, 인터넷 포털로의 전직 등 어떤 식으로든 글과 관련된 일을 해 오면서 한 번도 그럴 듯한 텍스트 결과물을 내보지 못했다는 초조함도 한몫했다.

하지만 막상 번역을 시작한 뒤의 날들은 후회의 연속이었다. 내 실력의 일천함에 대한 자괴감은 물론 나에게 기회를 준 선배나 출판사 관계자들에 대한 미안함 등으로 차라리 포기하는 게 낫다 싶은 심정이 치밀어 오르는 것을 꾸역꾸역 견뎌 내며 번역을 마쳤다.

그나마 이 일을 마치게 한 것은 이 책이 담고 있는 현실적인 조언 때문이었다. 나 역시 많은 직장인들과 마찬가지로 늘 창업을 꿈꾸며 살아가고 있고, 또 많은 사람들이 실제로 자신만의 회사를 차리고 망망대해 비즈니스 세계로 뛰어들고 있는 현실에서 저자 스스로 많은 실패와 성공을 경험 삼아 정리한 조직 관리의 축적된 노하우를 한눈에

접할 수 있는 것은 좋은 기회라고 믿었다.

원문을 읽어 나가면서 첫 느낌은 대부분의 내용이 매우 합리적이고 구체적이라는 것이었다. 이렇게 적나라하게 적어 놓았으니 실제로 사업을 하는 사람들에게 큰 도움이 될 것이라는 생각이 들었다.

이 책은 우리가 많은 경험과 노력을 바탕으로 우리의 머릿속에 어지럽게 구겨 넣어 뒀던 잡다한 생각들을 저자의 글을 빌려 일목요연하게 정리해 보는 데 매우 유용할 것이라 믿는다.

마지막으로 이 번역이 저자의 훌륭한 저술에 누가 되지 않길 진정으로 바라며, 만약 그럴싸한 책으로 독자를 만날 수 있는 영광을 누리게 된다면 이는 오로지 이 보잘것없는 번역문을 정리해 준 편집자들과 이런 과정을 묵묵히 기다려 준 출판사의 덕이라고 분명히 말씀드리고 싶다.

— 2014년 5월

이종국

| 차례 |

<u>CHAPTER. 4</u>  나만의 브랜드를 가져라

CHAPTER. 5
# 사업의 세 단계를 이해하라

# CHAPTER 01

# 시작이 중요하다

# 일단 저질러라

앨프레드 테니슨Alfred Tennyson경의 책 『인 메모리엄In Memoriam』에 '도전해 보지도 않은 것보다는 도전을 해서 실패하는 편이 더 낫다'라는 문구가 있다. 일반인들에게도 친숙한 이 말이 사업가들한테도 해당이 될까? 물론이다. 아니, 더더욱 그렇다.

이 책을 읽는 독자들 중에는 이미 사업가이거나 사업을 구상중인 사람들이 많을 것이다. 또한 지나간 세월의 크고 작은 싸움으로 지쳐 사업가의 길을 계속 가야 할지 고민하는 사람일 수도 있다. 아니면 이미 오랜 세월 승리의 단맛과 패배의 아픔을 두루두루 경험해 왔지만 이제 심기일전해 사업 속에서 스스로의 역할을 분명히 하고 더 발전적인 모습으로 바꾸고자 하는 의지를 가진 사업가일 수도 있다.

엔젤 투자자나 창업 투자자들은 초보 사업가나 최악의 상황을 아직 맛보지 않은 사업가들보다는 패배를 맛보고 다시 일어나 열정적으로 버텨 내는 사업가들을 더 높이 평가한다.

사업을 시작하고 이끌어 온 10년의 기간 중 첫 8년보다 지난 2년이 나에게는 더 많은 가르침을 주었다. 1999년 런던의 한 허름한 여관방에서 2,000파운드의 투자금과 2명의 동업자로 시작한 나의 첫 사업은 2007년에는 3명의 동업자와 자산 가치 1,200만 파운드짜리 사업으로 성장했다. 그러나 사업 시작 8년 동안 빠른 성장을 거듭하며 느꼈던 흥분보다 마지막 2년간의 끝없는 추락, 결국에 가서는 파산에 이르는 과정이 더 많은, 더 현실적인 가르침을 주었다.

결국 2009년 8월에 사업을 접기로 결정하고, 재산을 팔고, 남은 것들은 다 나눠 가졌다. 나는 아무것도 얻지 못한 채 떠났다.

지난 10년은 시간낭비였을까? 절대 그렇지 않았다고 단언한다. 수없이 실수하면서 겪은 시행착오와 그 사이사이에 얻은 작은 승리들은 나에게 헤아릴 수 없을 정도로 귀중한 것들이었다.

그래서 이 책의 첫 번째의 규칙은 일단 저질러 보라는 것이다. 만지작거리기만 하던 사업계획서를 내려놓고 직접적으로 당장 실천해 보는 것보다 더 좋은 교육이 없기 때문이다.

붐Boom이 이는 것이 늘 좋은 것만은 아니다.

붐을 타고 성공한 사업가들은 성공의 근본적인 이유를 알 수 없다. 붐으로 다들 성장하는 바람에 사업의 상태나 중요한 결정들이 어떤 효과를 가져왔는지 분석하기가 어렵다.

붐이 일었을 때에는 대단치 않은 이런저런 비즈니스 모델들일지라도 투자만 잘 받으면 성장하기도 한다. ─ 어떤 이들은 하찮은 비즈니스 모델을 생각 없는 사람들에게 팔아 버리기도 했다. ─ 언뜻 보면 다들 성공한 것으로 보인다. 그리고 '시장이 붕괴하기 전에 싸게 구매해서 비싸게 판매한다'는 아주 좁은 뜻으로 보면 성공하지 않았음에도 분명 성공한 이들이 있다.

사업가들이 한밤중에 식은땀을 흘리며 벌떡 깨어나 '다시 그렇게 할 수 있을까?'라는 생각을 하게 만드는 것이 바로 '붐'이라는 것이다.

사실 이전에 실수가 하나도 없었던 사업가들에게도 이것은 큰 문제다. '내가 또다시 성공할 수 있을까?'를 고민하게 하기 때문이다. 줄기차게 성공가도만 달려온 사업가는 단지 운이 좋아서였을까, 아니면 전지전능해서였을까? 솔직히 말하면 실수가 없었거나 실패로 인한 시행착오가 적었던 사업가들은 자신들이 정말 대단해서 절대로 실패하지 않았다고 믿는 경향이 있다. 그러나 절대 그렇지 않다.

아마도 너무나 많은 성공을 누렸을 사업가들을 봐라. 출판업을 너무 급격하게 확장하는 바람에 연금으로 겨우 사업을 유지해야만 했던 로버트 맥스웰Robert Maxwell. AOLAmerica Online, Inc. (미국 인터넷 서비스 및 미디어 회사 - 역자 주) 인수라는 재앙적인 결정을 내려 80억 달러의 손해를 본 워너Warner의 테드 터너Ted Turner.

사업 초기의 예상치 못한 변화로 인해 실패를 경험하게 된다면, 그 경험을 선물로 받아들여라. 이 귀중한 선물로 인해 다른 사람들의 말에 귀 기울일 줄 아는 겸손과 의지를 배우고, 어떤 일이든 이뤄 낼 수 있다는 확고한 신념을 얻게 될 것이다.

실수를 바로잡는 아프고 힘든 과정을 통해 나 자신이 결코 무엇이든 손으로 만지기만 하면 황금으로 변하는 미다스Midas가 아님을 알게 되고, 또 미다스가 아닌 것이 얼마나 다행한 일인지 깨닫게 된다.

실수를 통해 새로운 아이디어와 방법에 눈뜨게 되고, 정말 중요한 가치를 놓고 절대 타협하거나 굴복하지 않게 되는 것이다.

# 절대 시장을 탓하지 말라

사업이 망하는 원인을 환경 탓이라고 말하는 사람들이 많이 있다. 그것에 나는 감히 아니라고 말할 수 있다.

사업이란, 나의 첫 사업처럼, 한번 망하면 또다시 무슨 일이 일어나도 같은 원인 때문에 망할 수밖에 없다. 전에 있었던 실수나 문제가 다시 찾아와 사업을 흔들기 때문이다.

가혹한 시장 조건 ― 갑작스런 환경 변화 ― 이 전에 있었던 실수나 문제점들을 드러내는 데 영향을 미쳤을 수도 있다. 하지만 이전에 실수했다는 것 자체가 사업가가 책임을 져야 한다는 뜻이다.

후계자는 누구이고 주식을 누구한테 판매할지 같은 결정은 오직 사업가의 몫이다. 능력이 없는 전문경영인이 사업을 망하게 하더라도 책임은 사업가한테 있다. 그에게는 망하는 것을 막을 수 있는 기회가 있었기 때문이다.

또한 일선 관리자나 회계 책임자가 실수를 해 사업을 망하게 하더라도 약하고 능력이 없는 그들을 고용한 사업가에게 모든 책임이 있다. 절대로 시장을 탓하면 안 된다. 아무것도, 누구도 탓하면 안 된다.

사업가인 내가 그 책임을 져야 하며, 길고 긴 실수의 길 끝에 내가 있다. 사실 이처럼 사업의 성공과 패배가 내 손안에 있다는 것은 좋은 것이다.

절대로 시장을 탓하지 않는 것이 사업가의 본질과 관련되어 있다. 자신의 길을 닦고, 성공을 추진하며, 위대한 사업을 일구는 것. 변명 따윈 하지 말라.

**rule.04**
**건강을 챙겨라**

지금 당장 부자가 되지 못한다면 우선 몸 관리를 하라. 사업은 나로부터 시작해 — 성공이나 찬사를 받으면서 은퇴로 — 나로 끝난다. 선장인 내가 어디로 갈지, 어떻게 갈지, 누구와 함께할지를 결정해야 한다. 그리고 배가 가라앉기 시작하면 물론 내가 마지막으로 배에서 뛰어내릴 것이다.

직원들은 언제든 늘 오고 가는 법. 많은 항구에서 선원들을 공급받는데, 마지막에는 선장인 내가 함선을 지켜야 한다. 함선(사업)을 끝까지 지켜 집으로 무사히 돌아오고서야 비로소 '참으로 보람 있는 항해였구나'라고 생각할 수 있을 것이다.

그러려면 무슨 일이 있더라도 자기 관리를 철저히 해야 한다. 사업이 갑작스레 추락해도, 채권자들이 문을 계속 두드려도, 운동은 계속해야 한다. 스트레스 해소에 아주 중요한 방법이다.

사업가들을 위한 최고의 조언 중 하나는 비행기를 탈 때마다 승무원들로부터 들을 수 있다.

"비상사태가 발생했을 경우에는 먼저 당신이 마스크를 쓴 후 다른 사람들을 도와라."

많은 사람이 자기 관리는 이기적인 행동이라고 생각한다. 절대 그렇지 않다. 자기 관리는 다른 사람들을 보살피고 생각할 수 있는 행동 중 제일 중요한 행동이다. 사업가가 효율적으로 일하지 않으면 그 피해가 주변 사람들에게 크게 갈 것이다.

결국 내가 없으면 사업은 안 돌아간다. 그러니 일단 사업에서 제일 귀한, 바로 나 자신을 잘 보살펴라.

'너 자신을 알라'라는 제목으로 책 한 권을 쓸 수도 있다. 그러나 여기에서는 사업가에게만 통하는 특정한 의미가 있다. 예를 들면,

- 실패나 실망 처리를 잘하지 못하는 사람이라면, 상황을 분명히 인식하고 결국 일어날 수밖에 없는 사태에 대비해 계획을 세워라.
- 쉽게 주의가 산만해지는 사람이라면, 꼼꼼하게 목적을 세우고 그것에 대비책을 마련하라.
- A는 좋아하지만 B는 싫어한다면, B를 나보다 잘하는(더 좋아하는) 사람들을 찾아라.

어떤 경우든 자신이 비즈니스 단거리 전문가인지(초기에 에너지가 솟구치지만 그러나 가면 갈수록 열정이 떨어진다), 비즈니스 장거리 전문가인지(꾸준하고 장기적인 행동을 통해 무언가를 해낼 수 있다)를 파악하는 것이 자기 자신에 대한 기대를 관리하는 데 도움을 준다.

사실 우리가 직면하는 가장 큰 도전은 자기 자신의 기대를 관리하

는 것이다. 그래서 자기 자신을 아는 것이 더욱더 중요하다. 그래야 현실적이면서 고무적인 목표와 그것을 성취하는 실제적인 행동, 둘 다를 만들어 낼 수 있다.

## 자신의 약점을 알라

사업가들 중에는 행동가에서 위임자로 이동하지 않거나 그것을 못하는 사람들이 많다. 그래서 사업 초기에는 위임이 부족할 때가 있다. 언젠가 이것을 깨달을 것이며 — 보통 과로 때문에 — 곧바로 전문경영인이나 관리자를 찾기 위해 나설 것이다.

관리자 없이는 아무리 잘해야 단순한 개인 회사로 남을 뿐이다. 그래서 적합한 관리자를 고용하는 것이 사업이 성장하는 데 큰 영향을 끼친다. 그러나 관리자를 고용하는 것 또한 어렵고 위험한 일이다. 관리자를 고용하는 것이 어렵거나 자신이 없다고 생각되면 초창기에 사업을 매각하는 것도 나쁘지 않다.

하지만 이것은 사업의 장단점을 살핀 후에 결정해도 늦지 않다. 돈 때문에 결정하지 말고 장점과 단점을 충분히 파악한 후에 결정을 내려라. 아무리 사업을 지속해도 장점이 더 늘어나지 않을 때가 나와야 할 타이밍이다. 즉 퇴장의 타이밍은 고정된 목적이나 시장 환경보다 장점의 한계를 인지할 때이다.

## 자신의 관리 가능성을 알라

|

대부분 사업가들은 좋은 관리자가 되지 못한다. 부끄러워할 일이 아니다. 다만 이런 경우에는 적합한 관리자를 초기에 고용하거나 새로운 소유자를 찾는 것이 좋다. 관리 능력에 대한 거시적인 관점을 갖기도 어려울 것이다. 특히 내 사업, 내 아이디어, 내가 키운 아이라면 더더욱 그렇다.

이 문제를 갖고 계속해서 씨름해야 한다는 것만 알아 두어라. 그러므로 사업 초기부터 대비책을 마련하는 것이 제일 좋다.

부서(팀)를 구성하는 것도 잊지 말라. 뛰어난 관리 능력은 사람에게 달려 있으며, 특히 그것을 어떻게 구성하는지도 중요하다. 뛰어난 인재들이 있을 수도 있다. 그러나 이 인재들에게 적합한 업무를 맡기지 않는다면 사업은 곧 추락할 것이다.

부서(팀) 구성은 점진적인 일이다. 적절하게 구성될 때도 있고, 잘 안 될 때도 있다. 그러니 인재들을 정규직보다는 프리랜서를 고용하라. 그러면 실수를 해도 큰 손해는 피할 수 있다.

## 자신의 강점을 알라

|

나만이 전문적으로 할 수 있는 일이 있다. 어떤 사람은 판매하는 것이다. 또 어떤 사람은 복잡한 거래를 감독하는 것이다. 어떤 사업가는 싸게 구매해서 비싸게 판매하는 영업력이 뛰어날 수도 있다.

이렇게 다양한 전문적인 분야로부터 사람들을 모아 하나의 열정과 목적을 가진 부서(팀)를 구성하는 것이 중요하다.

이를 통해 사업을 개선할 수 있으며, 어떠한 시장 환경에서든지 성공적인 사업으로 키울 수 있다. 전문적인 재능을 적절하게 발휘하게 하면 엄청난 가치를 가질 수 있다.

그럼 당신의 전문은 무엇인가? 이 질문에 대한 답을 모른다거나 확실치 않으면, 자신이 좋아하고 계속해서 열정적으로 일할 수 있는 분야에서 사업을 시작하는 것이 제일 좋다(이 책에 들어 있는 많은 규칙들이 도움을 줄 것이다). 장점이 뭔지 몰라 마음이 계속 바뀔 수도 있으나, 적어도 내가 좋아하는 그것이 전문분야일 가능성이 높다.

# 성공을 제대로 측정하라

　요즘 사업이 잘 되어 가고 있는가? 아닌가? 잘 모르겠는가? 사업을 하다 보면, 무엇을 기준으로 사업을 평가해야 하는지 의문이 생길 수 있다. 도널드 트럼프Donald Trump(미국의 부동산 재벌 – 역자 주) 같은 저명한 사업가는 돈에 대해서 이렇게 말한 적이 있다.

　"돈이 내게 중요한 동기였던 적은 한 번도 없다. 그저 점수를 매기는 한 가지 방법이었을 뿐이다."

　트럼프의 관점으로 사업을 바라본다면 사업 성공의 의미를 지금까지 모은 돈으로 측정할 수 있을 것이다.

　아니면 사업의 가치를 알기 위해 복잡한 주식 포트폴리오를 만들어 낼 수도 있다. 혹시 개인 소유의 주식이라 가치를 알 수 없어 주기적으로 그것을 계산해야 할 수도 있다.

　이것이 다 시간 낭비일까? 물론 이것을 하려면 많은 시간이 소비된다. 아주 중요하고 큰 목적이 있는 것도 아니면서 말이다. 그렇다면 돈이 두 번째라면 사업을 흥미 위주로 측정해야 하나?

　흥미가 돈보다 더 효율적인 측정 방법일 수도 있으나, 문제점도 많다. 많은 사업 분야들은 위험하고 모험적으로 보일 수도 있으면서 한 편으로는 신명하게 사람을 흥분시킬 수가 있다. 이것을 흥미라고 표현할 수는 있어도 사업의 갖가지 고난들을 표현하는 데는 적절하지 않다. 정말로 사람들이 사업을 좋아한다고 할 때에 부드럽고 편안하기 때문에 그것을 좋아한다고는 하지 않는다. 그러므로 이것을 흥미라고 표현하는 것도 좋지 않다.

그럼 대체 무엇일까? 계속된 토론을 통해 "내가 맞아"라고 할 수도 있지만, 마지막에는 어떠한 결론도 나올 수 없다. 각각 측정마다 문제점들이 있다. 그럼 다른 방식을 제안하고 싶다.

## 대안적 접근법

|

결과가 아닌, 자신의 행동을 뒤돌아보자.

설명을 잇기 전에 당신에게 먼저 몇 가지 경고를 하고자 한다. 즉 성공적인 기업을 건설하려면 까다로운 결정을 내리고 또 실행하는 데 익숙해져야만 한다.

또한 직원들을 고용하는 것만큼, 그들을 해고하는 데도 익숙해져야 한다. 손절매해야 하는 타이밍도 알아야 한다. 그리고 사람들을 실망시키는 데에도 능숙해져야 하고(궁극적으로는 당신에게 고마워할 수도 있다), 어려움 속에서도 앞으로 나아갈 수 있어야 한다.

한마디로 당신은 (이 세계에서 흔히 쓰는 말로 표현하면) 강해져야만 한다. 그렇다고 해서 까다롭고 심술궂은 사람이 되어야 한다는 뜻은 아니다. 이것이 바로 풀어야 할 난제이다.

사업가로서 성공하기 위해서 필요한 모든 일을 할 수 있으면서도, 그 과정에서 자신의 영혼을 간직할 수 있다면 이것은 당신이 이기는 게임이다. 아마도 '선(善)…지식…자기 통제…인내심…신앙심…형제애적 친절…사랑'이라고 썼던 성 베드로가 이 부분을 가장 잘 표현했던 것 같다.

이 모든 것들은 기업이 요구하는 훨씬 이상이지만, 인생에서 중요한 덕목이다. 그리고 기업이 그런 덕목을 명령하도록 만드는 것은 (그 반대 방향이 아니라) 마치 보다 더 잘 보기 위해 태양을 가리는 형국이라고 할 수 있다.

자신의 내면에 쌓아 온 착한 행동을 잣대로 사업을 평가하라. 그렇다면 부자가 되든 또는 실패를 하든, 그 노고가 결코 헛되지 않을 것이다.

그렇기 때문에 진정한 테스트는 바로 이것이다. 우선 기업이 성장하고 성공할 수 있는 기회를 얻기 위해 처리해야만 하는 모든 일들을 해낼 수 있는가? 그리고 이와 동시에 자신의 내면 속에 자기 통제, 친절, 그리고 중요한 다른 모든 덕목을 그대로 간직할 수 있는가?

이러한 모순적인 이 두 가지 소명을 어떻게든 이루어 내는 사람이 성공적인 기업을 이끌게 될 것이다.

## rule.07
## 연장을 다듬어라

　'연장을 다듬어라'라는 유명한 격언은 스티븐 코비Stephen Covey 의 저서인 『성공하는 사람들의 7가지 습관The 7 Habits of Highly Effective People』에 나온다.

　그것은 무슨 의미일까?

　사업가들은 누군가를 고용하기 훨씬 이전부터 그 사업을 시작했다. 나는 과감하게 그 사업을 시작하기 위한 발걸음을 내디뎠다. 모든 결단과 과감성이 나에게서 나왔다. 또한 내가 모든 위험을 감수한다. 즉 내가 많은 돈을 사업에 투자하진 않았더라도 과감한 결단을 했고, 위험을 무릅쓰고, 시간, 에너지, 명예 등을 그 사업 진행에 투자했다는 것이다.

　그것은 내가 48주간 일을 하고, 4주간 쉬는 전통적인 형태의 근무 방식을 취할 필요가 없다는 것을 의미한다.

　사업가는 사업을 주도할 필요가 있다. 그리고 꼼꼼할 필요도 있다. 그러나 항상 꼼꼼할 수 있다고는 생각하지 말고, 쉬는 시간도 갖고, 다른 일도 해 봐라. 그리고 연장도 다듬어라.

## 근무시간을 지키지 말라

애초부터 9시에서 5시까지 일하지 않도록 설정하는 것이 중요하다. 오전 7시부터 오후 6시까지 일할 수도 있다. 또는 오전 10시부터 오후 10시까지 일할 수도 있다. 그것에 변화를 줄 수도 있다. 절대 직원의 근무시간에 기준을 맞출 필요가 있다고 생각하지 말라.

사업의 리더로서 나는 늦은 밤 만찬과 이른 아침 관계 형성을 위한 아침식사에 참석할 수도 있으니, 하루 종일 사무실에 있어야 한다는 생각에 빠지지 말라.

나는 사업을 하면서 이것이 가장 어려운 일 중에 하나라는 사실을 알았다. 사업이 커지면서 나는 다른 사람이 근무를 제대로 하고 있는지 확인하기 위해 반드시 사무실에 있어야 한다고 생각했다.

이렇게 생각하는 게 그리 놀랄 만한 일은 아니다. 왜냐하면 지급해야 하는 월급이 수만 파운드에 이르기 때문에 나는 판매대금이 제대로 입금되고 있는지 확인할 필요가 있었다. 그러나 이러한 접근 방식은 결국 나뿐만 아니라 직원들에게도 도움이 되지 못했다.

오히려 '어떻게 하면 사업 비용을 적절하게 줄일 수 있을까?'를 고민하는 편이 나을 것이다. 그리고 만약 세 번째 주까지 수익을 내기로 목표를 설정한다면, 사무실에 두 번째와 세 번째 주에만 출근해 검토하면 된다.

직원이 아침 9시에 출근했는지 오후 6시가 지나서도 일을 하고 있는지를 알려고 할 필요가 없다. 모든 일을 상관할 필요가 없을 수도 있다. 그러면 근무시간을 정하지 않고 내 마음대로 할 수 있다.

물론 규정된 근무시간을 지키지 않는 것은 예상치 못한 날에 사무실에 나타남을 의미하기도 한다. 이것은 모든 사람을 활기차게 일하게 할 수 있는 좋은 방법이다. 왜냐하면 아무도 내가 사무실에 언제 나타날지 모르기 때문이다.

## 휴가를 떠나라

직원들에게 주도권을 넘기고 휴가를 떠나라. 그것이 나와 직원들에게 회사가 가야 할 목표 지점에 대해 많은 것을 가르쳐 줄 것이다.

만약 사업이 사업가 없이도 잘 운영된다면 나는 성장할 준비가 되어 있는 것이다. 내가 돌아왔을 때 사업이 엉망인 상태가 되어 있다면 직원들은 더 많은 것을 맡을 준비가 되지 않은 것이고, 따라서 나는 어떻게 부서(팀)를 다시 구성할 것인지 검토하고 싶을 것이다.

물론 엉망진창인 상황이 내 휴가기간 또는 그전에 일어날 수도 있다. 그리고 이것이 평상시의 한 주 또는 한 달과 전혀 다르지 않을 것이다.

그러나 문제는 직원들이 그 상황을 헤쳐 나갈 수 있을지 어떨지 하는 점이다. 혹시 직원들이 나보다 더 나은 해결책을 생각해 낼 수 있는가? 그렇다면 위대한 직원들과 함께 있는 것이다. 그렇지 않다면 그 상황을 해결할 필요가 있으며, 나아가 더 나은 직원을 찾을 필요가 있다.

휴가를 갖는 것은 나에게 휴식을 제공할 것이고, 또한 사업이 나아갈 방향을 적절히 가르쳐 줄 것이다. 그저 돌아왔을 때 내가 알게 된 사실을 기반으로 과감하게 행동하도록 하라.

# rule.08
## 열정을 사업으로 만들어라

기업은 보통 사업가의 열정으로 성장한다. 그리고 성공적인 기업들은 열정을 공급한다. 당신은 무엇에 대해 열정적인가?

나는 출판과 미디어에 열정적이었다. 그래서 나는 책을 쓰고, 블로그를 운영하고, 디지털미디어 사업을 개발하였다. 하지만 그중에서 내가 진짜 열정을 가지고 있었던 것은 어느 것도 없었다.

결국 잘못된 사업을 여러 해 동안 운영하고 있었던 것이다. 그것이 해결되지도 못했다. 더 이상 그 사업에 열정적이지도 못했고, 그것을 앞으로 이끌고 나갈 능력 있고 열정적인 관리자도 찾지 못했기 때문이다.

그러니 열정을 무시하지 말라. 특히 언제나 다음의 새 프로젝트로 움직이고자 하는 정상적인 사업가라면 아주 짧은 기간 동안은 열정 없는 사업을 참고 견딜 수 있다.

하지만 만약 현재 하고 있는 사업에 자신의 열정에 대한 확신이 없다면, 스스로를 확인해 봐라. 필요하다면 사업체를 팔아 버려라.

## 열정적이 되어라

모든 대기업의 사업가는 자신이 하는 일에 대해 열정적이다. 하지만 이러한 점 때문에 종종 사업가들은 불량배로 몰리기도 한다.

나도 사업가가 되기 위해 불량배가 되어야 할까? 물론 아니다. 괴롭히는 것은 보통은 학대와 관련되어 있다.

사업장은 고(高)기능, 즉 고효율의 위치에 있다. 급성장하는 기업에 다니는 사람은 많은 학습기회와 다양한 변화를 확신하고 있다. 여기에 흥분도 포함된다. 각 부서(팀) 구성원 또한 자신들의 역할이 중요하다는 것을 알고 있다.

하지만 이것이 누군가가 일하고 싶은 환경이 아니라면, 그들은 우리 회사와 맞지 않는 사람들인 것이다. 이것은 사업가를 불량배로 만드는 것이 아니고, 그들 어느 쪽도 잘못되게 만드는 것이 아니다. 직원을 채용할 때 이러한 요구가 제대로 전달되는지 확인만 하라. 그리고 맞지 않는 사람들을 위해 명확하고 쉬운 좁은 길을 준비해 두어라.

사업을 시작하는 단계에서는 하고자 하는 일에 열정적이어야 하고, 열정적인 사람들에게 둘러싸여 있는 것이 중요하다. 내가 하는 일에 대한 열정을 다른 사람들이 과소평가하도록 하지 말라.

## 돈은 부수적인 것이 되어야 한다

사업가로서 최선을 다한 결과, 돈이 산더미만큼 많아져 그 돈으로 무엇을 해야 할지 모르게 될 수도 있다. 다만 그전에 자기희생이 필요하고, 한동안은 다른 사람들에게 지불만 하게 될 것이다. 또한 처음 몇 년 동안은 이러한 결과가 나오지 않을 것이다.

그래서 돈만을 바라고는 사업가가 될 수 없다. 어쨌든 기업 자체가 내 천직이 되어야 한다. 즉 데임 주디 덴치Dame Judi Dench(영국의 영화배우 - 역자 주)가 연기에 대해 "내가 할 수 있을 것 같은 유일한 것이다"라고 말한 것처럼 말이다.

## rule.09
# 오직 진실만을 신속하게 말하라

직원들에게, 클라이언트들에게, 납품업자들에게 문제나 실수에 대해 있는 그대로 말하라. 단, 그들이 모욕감을 느끼지 않도록 주의해야 한다. 그리고 무엇보다 신속하게 말해 줘라. 일찍 말할수록 그들이 문제나 실수를 더 쉽게 처리할 수 있다.

직접적으로 진실을 말하지 않으면 사업은 아주 큰 손해를 볼 것이고, 무엇보다 업계에서 평판이 나빠질 것이다. 나쁜 소식일지라도 공개적으로 솔직하게 말하면 문제를 처리할 수 있는 좋은 입장을 갖게 된다.

관리자나 직원들 중 직접적으로 진실을 말하지 못하는 사람들이 있으면 그들을 분명하게 뇌주어라. 우리 회사에 맞지 않는 사람들이다.

내 경험상, 나쁜 소식을 말하더라도 부드러운 목소리로 이야기하는 것이 제일 좋다는 것을 깨달았다. 그것이 소식을 전해 주는 자신을 숨 쉬게 하고, 소식을 듣는 사람들도 시간과 평정을 유지하게 해 성급한 결론을 내리지 않도록 한다.

# 조기 은퇴에 맞추지 말라

내가 세운 바보 같은 목표 중 하나가(내가 그것에 속아 넘어갔기 때문에 바보 같다는 표현을 사용한다) 40세에 은퇴하는 것이었다.

나중에서야 성공한 사업가는 조기 은퇴라는 목표를 설정하지 않는다는 것을 알게 되었다. 성공한 사업가는 부유하거나 또는 나이가 들었다. 그리고 가끔은 둘 다인 경우도 있다.

그러나 그들은 결코 은퇴하지 않았다. 그들은 항상 현장에 있고자 하고, 사업을 계속해서 일궈 나가고자 한다. 설령 현장에서 떠나더라도 복귀하는 데 오랜 시간이 걸리지 않는다. 지금 하고 있는 일을 좋아한다면, 왜 그만두려고 하는가?

젊은 사업가가 이런 목표를 설정하는 이유는 자신이 하고 있는 일을 즐기고 있지 않다는 사실과 관계가 있다. 사실 사업가가 되려는 동기가 종종 일을 즐기는 게 아니라 사업가가 되는 것이 해결책이라고 생각하는 데 있다. 그래서 이익을 늘리는 사업을 평생의 업으로 삼는 대신, 5년 또는 10년 후에 조기 은퇴한다는 바보 같은 목표를 설정한다.

이러한 생각은 전혀 현실성이 없다. 자신의 일을 좋아하지 않으면 놀라운 성공을 이루지 못할 것이기 때문이다. 열정 없이 단순히 일에 집중하는 것만으로는 가능하지 않을 것이다. 또한 그 일을 좋아한다면 은퇴하고 싶지 않을 것이다.

조기 은퇴라는 목표는 직장에 갇혀 있는 사람들을 위한 것이다. 사업가가 되고 싶다면 그럴 필요가 없다. 그러니 그런 생각은 쓰레기통에 내다버려라.

## 위기는 기회에서 나온다

조기 은퇴가 중요한 목표로 설정된다면, 그것은 반드시 사업 변경을 가져올 것이다. 조기 은퇴라는 목표는 이익을 내기 위해 사업과 사업자본 가치를 성장시키는 데 균형을 맞추는 대신에(재투자와 주식을 매입하는 것) 가능하면 빨리 사업을 팔아 버리는 결과로 이어질 것이라는 말이다. 오로지 도피하고 싶다는 생각 때문이라면 유감이다. 그러려면 은퇴하라!

# rule.11
## 절대 일자리를 구하기 위해 일하지 말라

일자리를 구하기 위해 일한다는 것은 말은 참 듣기 좋다. 그러나 이 말은 사업의 제삿날을 의미하는 것이기도 하다.

사업은 이익이 남아야 일자리를 유지할 수 있다. 이익이 없으니까 자리에 있던 사람을 자르는 것이다. 그러므로 사업은 일자리를 구하기보다는 이익을 추구하는 것에 초점을 맞추어야 한다. 누구라도 (걱정 말라 – 내가 이미 많이 해 봤다) 일자리를 구하기 위해 일한다고 말하면, 운이 좋지 않으면 조만간 사업을 접을 날이 올 것이다.

정말로 일자리를 지키고 싶으면 이익율에 초점을 두고 그것을 위험에 빠뜨리는 모든 일자리들을 자르라. 이것은 적은 수의 일자리가 남았다는 의미일 수도 있지만, 그러나 좀 더 안전하고 신뢰가 가는 일자리가 될 것이다. 그리고 훗날 사업 매출이 성장해 새로운 일자리를 만드는 데 큰 영향을 끼칠 것이다.

듣기 좋고 존경스러운 말만 하는 유혹에 빠지지 말라. 올바르게 행동하라. 수익을 지켜라. 사업의 우선순위는 수익을 창출하는 것이며, 그 수익으로 인재를 고용하는 것은 그다음 문제다.

# '불황에서 어떻게든 살아 남아야 한다'라는 오류에 빠지지 말라

단순히 살아남는 데 초점을 맞추고, 그에 따라 사업을 조정한다면 (다른 모든 설정된 목표가 그렇듯이 특히 경기 침체기에 이르러서는) 조만간 목표에 도달하지 못할 가능성이 높다.

이렇게 되면 잠깐의 실수로도 재앙을 입을 수 있으며 결국 파산을 맞게 될 수도 있다. 선택은 오직 한 가지뿐이다. 즉 사업 비용을 철저하게 절감하는 동시에 사업을 확대해야 한다. 반드시 이 두 가지를 동시에 달성하여야 한다.

물론 매출 신장을 포기하는 대신에 수익성 증대를 도모할 수도 있다. 하지만 이 경우에도 매출이 급격하게 감소한다 할지라도 다른 면에서 보면 사업은 여전히 성장 중인 셈이다. (경기 침체기에 살아남기와 같은) 부정적 결과를 피하는 데에만 초점을 맞춘다면, 사업체를 성장시켜야 한다는 진정한 목표에 집중해야 한다는 사실을 잊게 된다.

마케팅에 다시 자본을 투자하고 새로운 고객층을 확보하여 새로운 매출을 창출하여야 한다. 또한 회사 브랜드의 가치 명제를 뒷받침함으로써 이익률 확대를 도모하여야 한다.

## '시장이 사라졌다'는 오류를 피하라

가끔은 시장이 없어질 수도 있다! 물론 본질을 들여다보면 이 말은 정확하지가 않다. 실제로 일어나는 일은 고객이 필요로 하고 원하는 취향이 변하는데 사업이 다른 방향을 보고 있는 것이다. 자신의 고객들이 어디로 갔으며, 그 고객들의 소비성향이 어떻게 변했는지 물어보는 편이 나을 것이다.

2008~2009년 불황 때 가장 타격을 받은 것은 중저가 품목이었다. 그동안 중저가의 차량, 주택, 의류, 식품 등을 구매한 사람들은 어쩔 수 없이 구매 규모와 비용을 줄여서 저가 품목을 선택하게 되었다.

소비규모를 줄일 필요가 없는 사람들은 이전에도 제법 풍요롭게 살 정도로 충분히 부유하였기에, 계속해서 더 비싼 품목을 구매하였다. 그들은 중저가 품목으로 등급을 낮추지 않았다. 이렇게 되면 중저가 고객들이 다만 사라진 것처럼 보이는 것이다.

'판매 시장의 실종'이라고 말할 만하다고 깨닫는 것은 시장이 어떻게 변했으며, 제품을 새로운 환경에 어떻게 맞출 것인지 생각해 볼 수 있는 기회를 제공해 준다.

그래서 2008~2009년 불황 때 판매자들은 고객들에게 다가가는 방법을 생각해 냈는데, 그것은 바로 할인쿠폰 제도였다. 이로 인해 중저가 품목의 브랜드들은 낮은 가격을 제시할 수 있게 되었다. 이것이 시장 변화에 대한 반응이었다.

고객들은 사라지지 않는다. 다만 이동할 뿐이다.

# 적정수익은 이익률이다

많은 사업가가 잘못된 방식으로 수익을 산정한다. 사업에서 중요한 것은 순이익이 아니라 이익률이다.

관리자에게 10만 파운드에서 20만 파운드로 수익을 늘리라는 책임을 부여하면, 그들은 보통 이익률을 절반으로 낮추고 상품을 네 배로 판매함으로써 그것을 맞추려고 할 것이다.

이러한 가격 전략과 이에 따른 이익률의 변화 전략은 브랜드에 강력한 영향을 끼치게 될 것이다. 이것은 일시적으로는 좋은 영향력을 줄 수도 있으나 전체적으로는 파장이 오랫동안 지속되어 오히려 회복하기가 어려워지는 결과를 낳게 된다.

특히 더 낮은 이익률은 원료비(또는 사업에 부과되는 세금) 증가 같은 작은 변화에도 사업을 훨씬 더 취약하게 만든다. 칼날 끝으로 가까이 가는 위험을 일으키는 것이다. 반면에 관리자에게는 '잘한 성과'에 대한 보상을 해야 한다.

## 이익률의 비용을 잃더라도 단기간의 수익성을 피하라

위에서 본 예처럼 가격을 낮춰서 수익을 추구하는 것은 단기간 동안에는 손쉬운 일이다(그것은 매출 증가이다). 그러나 시간이 지남에 따라 실제 피해에 대해 명확하게 알게 된다.

경기 침체로 타격을 입은 많은 기업들은 수익을 빠르게 회복하기 위해 가격을 인하한다. 그러나 할인에 익숙해진 고객들은 할인 기간에 맞춰 구매 시기를 결정한다. 결국 할인은 조심스럽게 관리하지 않으면 결국 영구적인 가격 인하가 된다.

그것이 내 사업에 어떤 결과를 가져올까? 가격을 10% 낮추고 비용은 그대로 두면 20% 이익률을 올리는 사업체는 수익이 11%까지 떨어지는 것을 보게 될 것이다. 좀 더 구체적으로 어떻게 진행되는지 살펴보자.

내가 1파운드로 상품을 팔면, 실제 비용은 80페니이기 때문에 20% 이익률을 갖게 된다(20/100=20%). 판매 가격을 90페니로 10% 낮춰 보면 11%의 이익률을 갖게 된다(10/90=11%). 그래서 적절한 할인은 10%로, 거의 이익률의 절반에 해당한다. 할인을 하면 수익을 빠르게 회복하지 못할 것이 분명해진다.

비록 그것이 수익이 줄어듦에 따라 비용을 절감하는 것을 의미하는 것이라 하더라도, 차라리 낮은 수익을 받아들이고 이익률을 유지하는 게 낫다. 급격한 감소가 있을 때는 비용의 급속한 인하가 필요하게 될 것이다.

혹시 중요한 '변화 관리change management' 비용을 발생시키지 않고 쉽사리 비용을 절감시킬 수 있는 융통성을 가지고 있는가? 그 융통성이란 정리 해고, 사무실 계약 해지 등등을 말한다. 그러지 않으면 사업에 문제가 생길 것이다. 그렇다면 그 해결책은 무엇일까? 그건 늦기 전에 직원들을 계약직과 프리랜서로 바꾸고 다시 시작하는 것이다.

자원을 수시로 사용할 수 있는 계약직과 프리랜서를 최대한 이용하는 것은, 수익이 떨어질 때조차도 이익률을 빠르게 유지할 수 있게 해 준다. 그리고 이것은 사업이 침체되는 동안에도, 또한 생존한 이후에도 다시 성장할 수 있는 능력을 키워 준다.

# 사업의 두 번째 목표는 지속 가능성이다

사업의 핵심은 '수익'이라기보다 '이익률'이다. 왜냐하면 사업이 난관에 부딪히면 결국에는 이익률이 최후 방어선이 되기 때문이다. 아무리 많은 예금 잔고가 있어도, 이익률이 제로가 된다면 무슨 소용이 있겠는가?

사업이 궤도에 올라 수입이 발생하고 있다면 이제 곧 수익을 낼 수 있을 것이다. 그것은 좋은 일이다. 이제 어떻게 하면 이러한 성장세를 지속시킬 수 있을까?

- 한두 명의 고객에게만 의지하는 사업이라면 그들 중 한 명만 변심하여도 사업은 위기에 처하게 된다.
- (예를 들어 부동산 또는 취업정보 업체와 같이) 수입이 경기 순환 사이클에 의존하는 구조라면, 사업은 경기 흐름에 따라 오르락내리락 할 것이다.
- 사업이 확대됨에 따라 새로운 고객층 확보를 위한 비용이 증가한다면 이익이 감소하게 될 것이고, 성장은 멈추게 될 것이다.

- 자산(예를 들어 기계) 또는 브랜드(광고 및 마케팅)의 유지 비용이 증가하고 있는 추세라면, 매출이나 가격을 그에 상응해 인상시키지 않는 한 사업은 실패할 것이다.
- (예를 들어 판매왕과 같은) 가장 유능한 직원이 계속해서 퇴사하고, 그를 대신할 다른 직원을 구하지 못한다면, 사업은 금전적인 손해를 보기 시작할 것이다.

이상은 지속 가능성을 결여한 사업이 직면하는 여러 가지 문제들의 예이다.

사업가가 된 이상 수입 증가에 흥분하는 순간을 경험할 수도 있고 은행 잔고가 꾸준하게 증가하는 기쁨도 맛볼 수 있지만, 다른 한편으로는 지속 가능성이 없는 사업을 계속 끌고 나가야 하는 경우도 있다.

지속 가능성을 결여한 사업은 3년 정도는 수익을 낼 수 있을지 모르지만 10년 또는 20년 동안 지속적으로 수익을 낼 수 없으며, 그 기업 가치는 이익률이 동일하다 하더라도 지속 가능성이 확인된 다른 사업체와 비교하여 1/3 또는 1/6 정도밖에 인정받을 수밖에 없다. 결국 장기적으로 큰 수익을 창출할 수 없고 사업체 매각 시에도 거액을 받을 수 없다.

따라서 사업가는 지속 가능성이 있는 사업체를 설립하는 것을 목표로 삼아야 하며, 사업체의 가치평가 또는 회사 수익 배당금 등은 모두 이것을 기준으로 산정되어야 한다.

## 무엇이 지속 가능한 사업인가?

간단하다. 돈을 벌 수 있다고 예상되는 강력한 브랜드에 기반을 두고 20년간(1년 또는 5년보다는) 수익을 줄 수 있는 독점사업권 또는 지적 재산권이 지속 가능한 사업이다.

이러한 수준의 지속 가능성은 얼마나 많이 밤을 지새우며, 또한 얼마나 열심히 일해야 하는지를 결정하게 될 것이다.

지속 가능성이 많으면 많을수록 더욱더 깊은 잠을 잘 수 있을 것이다. 반면에 유지 불가능한 사업을 지속적으로 꾸려 나가고 난관을 극복하기 위해서는 엄청난 노력이 필요하다. 사실상 지속 가능한 사업은 스스로 자연스럽게 성장할 수 있는 능력을 지니고 있다.

그렇다면 지속 가능성을 측정할 수 있는 가장 좋은 방법은 무엇일까? 완전한 것은 아니지만, 1인당 수익이다. 1인당 수익은 총 생산수익을 회사 전체 직원으로 나눈 값이다. 즉 5명의 프리랜서(일주일에 평균 하루를 일한다)를 데리고 사업체를 운영하고 있다면, 두 명의 풀타임 직원을 데리고 있는 셈이 된다. 수익을 대략 5만 파운드 정도로 보고, 이것을 둘로 나누면 개인당 2만 5,000파운드씩를 나에게 주는 꼴이 된다.

구글Google과 같은 튼튼하게 성장하는 회사는 1인당 수익으로 20만 파운드 이상을 기대하겠지만, 사업가 혼자서 수익이 거의 없는 사업체를 운영하고 있다면, 1인당 수익은 적을 것이다.

여기서 요점은 1인당 수익이 증가하느냐 아니면 감소하느냐 하는 점이다. 1인당 수익이 증가한다면, 강력한 사업체를 만들어 가고 있

다는 증거이다(구글과 같은 회사에 더 근접한다는 것을 뜻한다). 반면에 수
치가 감소하면, 사업은 부실해지게 된다(파산에 가까워진다는 뜻이다).
결국 장기간에 걸친 사업의 미래는 1인당 수익을 증가시킬 수 있는
능력에 좌우될 것이다.

# 사업의 매출 목표를 설정하는 방법

매출 목표를 세우는 것은 사업과 수익에 방해가 된다. 차라리 직원 1인당 (프리랜서들은 시간당) 수익 목표를 세워라. 그리고 총수익이 성장하면 직원 1인당 수익 목표도 같이 올려야 한다. 그러면 안정되고 합리적인 사업팀을 구성할 수 있다.

합리적인 생각으로 사업을 지휘하지 않으면 위험한 길로 내려갈 수 있다.

## 위험한 목표는 회피하라

3년 안에 사업을 몇백 만 파운드로 팔겠다는 식의 위험하고 융통성 없는 목표는 피하라. 오로지 이 목표를 달성하겠다는 일념 아래 비합리적 판단을 내릴 수 있기 때문이다. 대신에 내가 좋아하고 현금 유동성이 안정적이며 이윤을 남길 수 있는 사업 목표들을 세워라. 그렇게 하면 누군가 내 사업을 매수하려 들 것이다.

## '00파운드 판매'라는 목표를 피하라

|

'5년 내에 500만 파운드 판매' 등은 많은 기업들이 설립과 동시에 설정하는 목표다. 물론 달성하기 어려운 목표다. 하지만 일반적으로 세우고 있는 목표이기도 하다.

사업을 시작할 때, 이러한 목표는 사업 파트너에게 흥분과 열정을 줄 수 있다. 그러나 경험 있는 투자자들을 참여시킬 가능성은 없어 보인다. 그들은 이것을 단순히 젊은이다운 패기로 볼 것이기 때문이다. 경험 부족이라는 사실만 제외하고는 이 단계에서의 목표 설정은 전혀 해가 되지 않는다.

하지만 이런 경험 부족은 초보 사업가가 잠재적인 투자자들 앞에서서 '제 사업에 20만 파운드를 투자하시면 1,000만 파운드짜리로 키우겠습니다'라고 말하는 순간 위험에 빠지게 된다(실제로 경험 없는 사업가들은 이런 약속을 종종 한다).

이런 목표는 매우 파괴적인 될 수 있는데, 이유는 주주계약서에 이 목표가 명시되고, 종료일이 없기 때문이다.  그래서 경험 많은 사업가는 이러한 약속을 하지 않는다.

사업이 성장하기 시작하면, 목표를 성취할 수 있겠다는 기대감이 자연스럽게 커지게 될 것이다. 그러나 짧은 기간 내에 호언했던 수준의 수익과 가치까지 올라서지 못할지도 모른다.

이런 상황이 벌어지면 주주들은 자신들이 성장 중인 기업을 후원한다는 기쁨보다는 오히려 기대를 충족시키지 못한다며 실망할 가능성이 더 많다.

　주주들의 실망감은 위험한 행동으로 이어질 수도 있다. 건전하게 수익을 쌓아 두기보다는 창업자를 바꾼다든지, 아니면 이익률 규정을 없애거나 수익만을 쫓아가는 행위로 나타날 수도 있다. 또는 사업체를 매각하는 위험한 생각을 할 수도 있다.

## 만기일을 설정하라

|

　주주들과 관리자들(종종 창립 초기 임원들)로 하여금 구체적인 목표, 매출, 또는 지속적인 배당소득을 달성하도록 부담감을 주면 주주 목표는 커진다.

　그러나 처음부터 강력하게 주주들의 의견에 따라 목표를 설정하면, 기업 현실에 맞추고 수익이 아닌 이익률(가끔은 사업의 가치를 판단하기 위해 안 좋게 사용된다)에 집중하고자 하는 내 목표에 변화를 주는 것이 어렵다. 그러면 해결책은 무엇일까? 목표를 사용하더라도 어떻게 해야 주주들이 그것에 집착하거나 강요하지 않을 것인가?

　우선 주주들이 목표를 바꾸는 데 동의하도록 목표와 관련한 연간 보고서를 제출하라. 두 번째로, 목표에 관해 당장 주주들과 합의를 보지 못할 경우에는 목표 만기일을 미리 ― 예를 들어 3년 후 ― 설정하라. 그러면 그 3년이 되었을 때 주주들은 새로운 목표나 목표가 없는 것에 동의할 수 있다.

　이러한 접근 방법을 통해 주주들은 전체적인 사업 순환의 과정 안에서 사업의 현실적인 위치를 더 많이 반영하는 데 동의하게 될 것이다. 이것은 주주들의 기대감을 제자리에 유지시키는 데 많은 도움이 된다.

물론 다른 주주들이 없다면 이렇게 세부기준을 정해 회사를 관리할 필요가 없다. 그러나 여전히 고위간부의 관심을 끌면서 신명나게 목표를 향해 성장하고 있다는 것을 보여 주는 것이 중요하다.

그러므로 기업이 전적으로 사업가의 통제 아래 있도록 하려면 이런 목표를 설정하고 전달해야 한다. 이것이 목표에 만기일을 설정하는 이유다.

## 상을 받을 때 사업체를 팔아라

사업체를 매각하기에 가장 좋은 시기는 사업이 절정기에 도달했을 때이다. 그것보다 더 좋은 시기는 모든 사람이 훌륭하게 사업을 일구었다고 축하할 때이다.

여기서 중요한 점은 훌 성공적으로 일군 사업체라는 것이 알려지게 되면, 오래 지나지 않아 수많은 경쟁자가 몰려드는 것은 물론이고 이익률 압박에 시달리게 될 것이라는 것이다. 물론 사업은 스스로 방어할 능력이 있고 여전히 성장할 순 있지만, 힘든 일이 될 것이다.

이때가 회사를 떠나야 할 시점이다. 마지막까지 버티며 남는 것보다는 축제가 최고조에 달했을 때 파티장을 떠나는 게 좋다.

# 배당금을 위해 사업을 경영하라

사업을 시작하면, 그것은 이제 자신의 아이가 된다. 사업이 성장하면 사업가는 직원과 협력업체의 부모가 된다.

이 단계에서 사업가는 사업을 경영하는 것과 주주들의 수익을 극대화시키는 것, 두 가지 역할을 모두 해야 한다는 사실을 잊기가 쉽다. 일단 주주들의 수익을 살펴보기로 하자.

사람들은 주주 수익shareholder returns에 대해 혼란스러워한다. 끔찍할 정도로 혼란스러워한다는 것을 내가 심하게 겪어 보았기에 잘 알고 있다.

주주 수익을 실제로 측정하는 한 가지 방식이 있는데, 그것은 얼마나 많은 돈을 배당금으로 지불할 수 있으며, 그것이 얼마나 오랫동안 지속될 수 있느냐이다.

주주들은 당장에라도 수익의 어떤 부분도 취하지 않겠다고 결정할 수 있다. 대신 더 큰 돈을 위해 모든 것을 재투자한다(나중에 배당금의 형태로 나오게 될 것이다). 또는 단기간의 수익을 위한 사업 운영을 결정할 수 있다(사업이 잘되는 동안 가능한 한 많은 돈을 지급하라. 하지만 오래 지속되지는 않을 것이다). 이때에는 사업체가 낮은 가격으로 팔릴 것이라는 사실을 받아들인다. 아니면 주주들은 일정 금액은 배당금에 해당하는 수익금으로 빼내고, 일정 금액은 재투자를 위해 남겨 둘 수 있다.

어떤 방법이 가장 합리적인 것일까? 그것은 일부 수익은 배당금으로 지불하고, 나머지는 재투자하는 중도의 길을 택하는 것이다. 균형에 대한 결정 — 80/20, 20/80이거나 그 사이 — 은 어떤 잠재력 있는 재투자 결정에 이르게 한다.

근본적으로 재투자한 1파운드가 20년 동안 매년 10페니씩 주주에게 지급된다고만 하면(증가된 이익과 그 결과로 생기는 주주수익 배당금으로서), 이것은 훌륭한 투자이다. 그래서 1파운드를 투자해서 2파운드의 수익을 내는 모든 경우에는 결정이 쉽다. 바로 재투자하면 된다.

하지만 1파운드를 투자하고 이것을 10년에 걸쳐 매년 10페니씩 주겠다고 한다면 주주들은 배당금 형태로 돈을 지급해 줄 것을 요구할 것이다. 지금 당장 받을 수 있는 1파운드를 받기 위해 10년을 기다리는 것은 아무런 의미가 없는 것이다.

그러므로 재투자와 배당금의 균형을 어떻게 맞춰야 하는지를 결정하는 것은 재투자가 주주들의 배당금을 얼마나 늘려 줄 것이며, 그 수익이 얼마나 오랫동안 지속될 것인지에 대한 확신에 달려 있다.

한 가지 중요하게 알아야 할 것은 주주들이 미래에 더 큰 이익을 얻기 위해 약간의 수익을 늦게 받는 것을 선택한다는 사실과는 상관없이, 여기에서 말하는 규칙은 '사업은 언제나 주주들의 수익을 위해 운영된다'는 사실이다.

# 사업체를 평가하기 위해
# 배당금의 흐름을 사용하라

　사업체를 평가하는 것은 쉬운 일이다. 사업의 가치는 사업체가 지불할 수 있는 주주 배당금의 총금액을 뜻한다. 그래서 10년에 걸쳐 매년 총 500파운드의 주주 배당금을 지불한다면, 사업체의 가치는 5,000파운드가 된다. 인플레이션으로 인한 약간의 조정이 있더라도 말이다.

　앞서 지속적인 배당금이 얼마나 중요한지를 강조했다. 그러므로 10년이 아니라 20년간 배당금을 만들어라. 그러면 두 배의 가치 있는 사업체가 된다.

　또한 배당금이 사업 수익에서 나온다는 것을 기억하라. 물론 수익금의 일부는 재투자로 환수된다(그 이후에는 더 많아지겠지만 말이다).

# 현금흐름 예측에 집중하라

사업 예측 시 어려운 점은 앞으로의 현금흐름cash-flow이 어떻게 될 것인지를 전망하는 것이다. 판매량을 예상하는 건 쉬운 편에 속하기에 그것을 통해 현금흐름을 예측하곤 한다. 업계표준 이익률을 근거로 사용해도 현금흐름을 예측할 수 있다.

예를 들어, 10만 파운드의 판매량을 예상하고 업계표준 이익률이 10%이라면, 9만 파운드의 비용을 예상할 수 있다. 판매수익이 입금되는 시점 또는 그 전후로 비용이 떨어지는 상태가 지속된다면 현금흐름이 하강곡선을 그리게 될 것이다.

물론 더 많은 매출을 올린다면 더 많은 수익을 벌어들일 수 있을 것이다. 하지만 앞서 살펴본 바와 같이, 만약 이익률을 포기해 버리면 판매량은 일시적으로 쉽게 상승할 수 있다. 그러므로 먼저 이익률을 챙긴다는 원칙을 고수하라. 그러면 적어도 업계표준 이익률을 달성할 것이라는 기대감이 생기는 그 시기에 얼마만큼의 판매량을 달성할 수 있는지 물어볼 수 있다. 판매량과 이익률을 알게 되면 배당금을 산정할 수 있고, 이를 통해 사업체의 가치를 산출할 수 있다.

# 매일 은행 잔고를 확인하라

현금 상황은 매우 중요하므로 은행 잔고를 매일 확인해야 한다. 1개 이상의 계좌를 가지고 있다면, 재무팀에 계좌에 현금이 얼마나 있는지 간단하게 수치로 알려 달라고 요청하라.

이것을 쓸모 있는 수치로 만들려면 거래처들에게 1년 전의 동일한 수치와 비교해서 그것이 얼마나 많이 올라갔는지(또는 내려갔는지)를 알려 달라고 요청하라.

아주 간단한 이 규칙은 사업수행 능력에 대한 많은 통찰력을 부여해 줄 것이다.

# 죄책감을 갖지 말라

많은 사람이 사업가에게 수익에 대해 죄책감을 갖게 하도록 애쓸 것이다. 그래서 어떤 사업가들은 종종 사업이 수익을 낼 상황에 있지 않은 것처럼 행동하기도 한다. 하지만 이건 말도 안 되는 소리라는 것을 알고 있지 않은가. 그러니 그런 죄책감을 받아들이지 않도록 하자.

기업의 궁극적인 목표는 수익(또는 앞서 알아본 바와 같이 이익률)에 좌우된다는 것을 알고 있다.

직원들이 업무를 흥미진진하게 처리하고, 경력 개발을 원한다면 수익을 올리고 높은 이익률을 유지했을 때 그러한 일들은 자연스럽게 일어날 것이다. 수익이 많이 생기면 생길수록, 더 높은 이익률을 내면 낼수록, 그 일을 하는 것이 더욱 흥미로울 것이다.

그리고 사업 초기에 일어나는 모든 위기들은 대개는 창업자의 몫이라는 점을 기억하라. 그 대가로 창업자는 보상을 받는다. 그래서 돈으로 무엇을 하든 — 그것을 쓰든, 저축하든, 또는 마음껏 기부하든 — 다 사업가의 선택이다. 그것에 대해 죄책감을 갖지 말라.

수익을 벌어서 그것을 챙기고, 주주들에게 그것에 대해 알리고 난

뒤에는 사업가는 무엇이든 선택할 수 있다. 새로운 사업을 구축하는 것에 수익을 사용하거나 그것을 가지고 내가 할 수 있는 것보다 더 큰 중요한 일을 할 수 있는 사람에게 기부하든지 말이다.

당부하건대, 사업가는 죄책감을 가질 시간이 없다.

# CHAPTER 02

# 대가를 지불하라

# 요청하고, 빌리고, 물물교환하라

'절대로 돈을 빌리지 말라'는 오래된 조언에 따르면 쓸 수 있는 현금이 제한되거나 아마도 거의 없을 것이다.

그러므로 요청하고, 빌리고, 물물교환함으로써 기업을 시작하라. 즉 내게 필요한 것을 다른 사람들로 하여금 공짜로 주도록 설득할 수 없다면, 빌려 주도록 요청하거나 그 보답으로 그들에게 필요한 서비스를 제공할 수 있는지를 알아보라.

그러면 사무실 공간 이용, 회계 관리에 대한 조언이나 도움에 대한 보답으로 몇 가지 무료 홍보활동을 해 줄 수 있지 않을까? 그 대가로 돈을 지불할 수 없다면, 대신에 무료로 회계사에게 4명의 새로운 고객들을 소개해 주겠다고 제안하는 것은 어떤가?

물론 최소한 한 사람이라도 선불을 줄 수 있는 고객을 확보하게 해 주는 것이 중요하다. 이것은 즉각적으로 내 신용도를 확고하게 해 준다. 모든 사업과 같이 회계사가 기존 고객을 유지하고, 신규 고객들을 확보하는 비용으로 수입의 10~50%를 쓴다고 가정하면 이런 내 제안은 매우 환영받을 것이다.

매년 4명의 신규 고객을 그들에게 소개한다면 홍보비를 포함해 매
년 새로운 고객을 확보하는 데 드는 비용은 1년 동안 동일한 서비스
를 나에게 제공하는 그것과 견주어 동등한 가치가 있을 것이다.

# 윈윈 협상법을 사용하라

젊은 사업가들은 가끔 요청하고, 빌리고, 물물교환하라는 충고를 공짜로 모든 것을 얻고 아무것도 보상하지 말라는 것으로 해석한다. 이것은 잘못된 발상이다. 모든 기업 간 대화에서는 다른 사람들이 무엇을 원하는지를 이해하려고 노력해야 한다. 마땅한 이름이 없으니 그것을 윈윈win-win 협상이라고 부르겠다.

이 협상은 나도, 상대도 이익을 얻을 수 있는 방법이다. 이렇게 하면 모든 이해 당사자(직원, 납품업체, 고객과 주주들)와 장기적으로 좋은 관계를 맺을 수 있다. 또한 이런 관계를 통해 모든 이해 당사자에게 이익을 안겨 줄 수 있는 새로운 아이디어와 방법들을 얻을 수 있다.

그리고 이것은 단지 사업 초기 단계에서뿐만 아니라 직원과의 관계, 거래처와의 대화 등등 거의 대부분에서 항상 적용되어야 한다.

사업을 하면서 종종 간과되고 있는 것이 있는데, 그것은 내가 다른 사람들의 길을 나아갈 수 있게 도와준다면 똑같이 나의 길도 나아가기가 훨씬 더 쉬울 것이라는 인간 본성의 단순한 역할을 이해하는 것이다.

## 윈윈이 아닌 모든 장기 계약을 거부하라

|

내 경험상, 나는 이겼지만 상대방은 진 협상은 항상 비극으로 끝났다. 내 계약을 받아들일 수밖에 없도록 상대방을 막다른 구석으로 몰아갈 순 있지만, 그 과정에서 상대방을 적으로 만들게 될 것이고, 그렇게 되면 미래에 문제를 쌓아 두는 꼴이 된다.

윈윈 협상을 한다는 것은 나나 상대방이 서로 양보를 하지 않으면 좋지 못한 결과로 끝난다는 것을 이해한다는 뜻이기도 하다. 이렇게 되면 결국 남아 있는 방법은 외면하고 떠나 버리는 것뿐이다.


## 외면하고 떠나 버리기 협상 규칙

|

떠나 버리기walk away를 선택하는 것은 체면을 살려 주고 원하는 방향으로 진행되지 않는 협상을 단숨에 끝낼 수 있는 가장 좋은 방법이다. 양측이 서로 상처를 입지 않고 존중하면서 자리를 뜰 수 있다. 내가 일찍 떠나 버리면, 이후에 협상할 여지를 남기게 된다. 또한 나와 다른 사람의 시간을 낭비하지 않게 된다는 것을 의미하기도 한다.

기꺼이 나가 버리는 모습을 보여 주는 것은 양측에 맞는 합의점에 도달하기 위한 마지막 노력을 상대편이 하도록 하는 가장 좋은 방법이다. 그러나 상대편이 돌아오더라도, 그와 너무 가혹하게 협상하려고 하지 말라. 왜냐하면 상대편이 더 좋은 제안을 제시할 수 있도록 충분한 이익과 인센티브를 남겨 두어야 하기 때문이다.

궁극적으로 빈약하거나 평균 정도의 사업은 아무런 가치가 없으며, 이것은 결국 내 사업에 즉시 또는 마지막까지 손해를 입힐 것이다. 그래서 계약서에 결과에 대해 신경 쓰지 않는다는 조항은 넣지 말라. 보통 이것은 매우 큰 기업의 자그마한 고객보다는 조그만 기업의 중간 규모의 고객이 되는 것이 더 낫다는 것을 의미한다.

## 가격을 깎지 말라

|

경험 없는 협상가들이 저지르는 또 다른 접근 방법은 가격을 공격하는 것이다. 이것은 일반적으로 끔찍한 생각이다. "그만한 가치가 없어요" "그 정도는 받을 가치가 있다고 생각해요" "아니에요, 없어요"라는 식의 협상 형태가 벌어지기 때문이다.

내 경험에 의하면, 이것은 협상이 아니라 단순히 서로를 해치는 시도일 뿐이다. 대형할인매장에 있는 100가지 물건 중에서 어느 하나를 고르는 것이라면, — 마음에 안 들면 단순히 다른 곳으로 가면 된다 — 이런 노력이 효과가 있을지도 모른다.

그러나 이런 식으로 하면 절대로 사업동업자, 프리랜서 또는 인터넷 서비스 제공업체와는 절대로 일하지 못한다. 왜냐하면 사업의 가치는 동기 부여와 관계의 질에 달려 있기 때문이다.

그러니 누군가가 자신들이 시간당 15파운드 또는 250파운드의 가치가 있다고 말한다면, 그들에게 견적서를 주면서 그것을 입증해 달라고 요청하라. 다시 말하면, 원하는 것을 기록하는 것이다. 그리고 어떻게 그것을 얻을 것이며 비용이 얼마나 들 것인지를 물어보라. 그러면 단 1시간 동안 시간당 250파운드(총비용 250파운드)를 들여 프리랜서를 고용하는 편이 나은지, 아니면 일주일 동안 시간당 25파운드(총비용 525파운드)를 들여 기간제 근로자를 고용하는 편이 나은지에 대한 명확한 생각을 가지게 될 것이다.

더 많은 가치를 얻고자 한다면, 상품을 추가하려고 노력하라. 그래서 만약 어떤 프로젝트 가격을 500파운드로 제시한다면, 가격을 깎기보다는 전체 견적서에 몇 가지 가치 있는 다른 서비스를 추가할 수 있는지를 알아보라.

이런 추가 방식이 가격을 낮추는 것보다는 오히려 계약하려는 사람을 존중하고 있다는 것을 보여 주는 것이다. 그들이 말한 것이 가치가 있는지 없는지에 대해서는 논쟁하지 말고, 그래서 그들의 직업과 신분보다는 오히려 그들이 앞으로 할 일에 대해 협상하고 있다는 것을 보여 주어라.

# 약속을 미리 보여 주어라

도움이나 물물교환의 대가로 서비스를 해 주겠다고 약속한다면 미리 제공하기로 한 것이 준비되어 있어야 한다. 왜 그럴까?

나는 검증되지 못한 사업가이고, 게다가 검증되지 못한 생각을 가지고 사업을 시작하려고 한다. 그러면서 기존 기업에 내게 필요한 서비스를 해 줄 것을 요청하고 있는 것이다.

그러므로 이미 알아본 바와 같이 다음과 같이 말하는 것은 잘못된 것이다.

"만약 내 거래처를 위해 1년 동안 준비해 준다면, 그것에 대한 보답으로 내가 4명의 신규 고객을 보내 주겠다."

이 말은 다른 사람들의 비웃음거리가 될 뿐이다. 대신에 앞에서 말한 바와 같이, 일단 새로운 고객 1명을 당장 데려다 주겠다고 하고, 계약하게 되면 3명을 더 데리고 올 것이라고 약속하라.

이러한 접근 방법이야말로 능력 있는 협상가인 동시에 매우 가치 있는 고객 및 미래사업의 근원이 될 가능성이 있다는 것을 보여 주는 것이다.

법석을 떨지 않고 신속하게 약속을 전달하는 것은 신뢰를 쌓는 좋은 방법이다. 그렇게 되면 회계사는 새로운 고객 유치에 상당한 영향을 받을 뿐만 아니라 우리 회사가 앞으로 큰 성공 기업으로 성장할 것이라고 생각할 것이다. 그리고 물론 모든 회계사나 변호사는 자신들의 고객들이 성장하는 것을 보고 싶어 한다. 이건 본인들의 사업에도 좋은 일이기 때문이다.

그래서 말한 것을 실천할 수 있다면, 사람들이 나를 대하는 방식을 곧바로 바꿀 수 있을 것이다. 그러면 삶이 훨씬 더 쉬워진다. 그리고 지금 당장 시행하려는 모든 것을 실천하지는 못하더라도, 최소한 어떤 어려운 일을 기꺼이 맡아 약속한 결과를 얻을 때까지 지속적으로 나아가고 있다는 것을 보여 주게 될 것이다.

이처럼 기꺼이 하려는 마음만으로 사람들로부터 많은 신용을 얻을 것이고, 그들을 내 편으로 끌어들여 나의 새로운 사업을 시작할 수 있을 것이다.

# 협력 관계를 계속 유지하라

많은 사업가는 대부분 자금 없이, 단지 불타는 열정과 사업을 하겠다는 의지, 다른 회사가 기꺼이 협력해 줄 것이라는 희망만을 가지고 사업을 시작한다.

하지만 이후에 기업이 성장하고 많은 경쟁자들이 자신의 시장을 공격함에 따라 사람들과의 협력을 자연스럽게 중단하려고 한다. 대신에 자리 잡힌 대기업 또는 믿을 만한 가치가 있다고 확신을 주는 사람들과만 협력하기를 원한다. 하지만 이건 치명적인 실수다.

종종 사업이 성장하면 일단 지켜야 한다는 생각을 하는데, 모든 사람이 사업 아이템을 모방하려고 할 때의 유일한 해결책은 그것을 숨기는 것이 아니라 시장 안에서 혁신과 협력으로 상품을 한 단계 업그레이드 시키는 것이다. 아니면 사업 아이템을 팔아 버리든가.

협력관계뿐만 아니라 상품과 서비스 모두를 더 신속하고 효율적으로 혁신시킬 수 있다면, 경쟁자들은 따라잡을 수 없을 것이고, 결국에 그들은 포기하고 사라져 버릴 것이다. 그러므로 성공을 즐기기 시작할 때조차도 계속 협력을 유지하라.

# '하지 말아야 할 일' 목록을 이용하라

'해야 할 일' 목록을 가지고 있지 않은가? 그러면 '하지 말아야 할 일' 목록도 가지고 있는가? 사업가 자신은 물론 회사 직원들 또한 그 목록을 가지고 있어야 한다. 이것은 '하지 말아야 할 일'의 목록을 '해야 할 일'의 목록과 똑같이 항상 생각하라는 뜻이다.

'하지 말아야 할 일' 목록은 사업 성공에 아무런 영향을 주지 못하는 일을 하고 있는 목록이다. 보통 이러한 일들은 좋은 아이디어였지만 실행되지 못했거나, 사업 운영방식의 변화 또는 새로운 소프트웨어나 다양한 기계 배치에 의해 이제는 바뀐 일들임에도 불구하고 여전히 옛날 방식으로 처리하는 활동들이다.

적절한 예가 여기 있다. 직원 중에 고객들의 정보를 업데이트하는 책임을 맡고 있었던 직원이 있었다. 멋진 일 아닌가? 하지만 이것은 다음과 같은 문제를 발생시켰다.

- 모든 고객 이메일을 마이크로소프트 아웃룩 상에 별도의 폴더로 정리하는 것

- 각 메일을 출력시키고 그것을 폴더 안에 정리하는 것
- 각 메일을 공유 드라이브에 복사하고 그 파일을 디지털 형식으로 복제하기

게다가 이메일 시스템과 공유 드라이브가 매일 저녁 백업되었다. 그래서 우리는 모든 고객의 이메일 복사본을 5부씩 가지고 있었다. 백업을 하는 것은 좋은 일이지만, 세 가지 형식으로 된 5부의 복사본이라니? 이러한 체계 유지 비용은 인건비 측면에서 엄청난 것이다. 그리고 거의 시간과 자원 낭비로 판명이 날 것이다.

담당자가 떠났을 때 아무도 디지털화된 정리 파일을 이용하지 않았다. 대신 파일 캐비닛 뒤지는 일만을 하였다.

## 파킨슨의 법칙

|

파킨슨 법칙Parkinsons's law은 가용 가능한 시간에 맞게 일을 확장하는 것을 말한다. 수익이 적어질 때, 회사에서는 인력 절감을 생각하게 된다. 하지만 이것에 반대하는 측은 항상 그들이 이미 너무 많은 일을 가지고 있다고 주장한다.

해결책은 파킨슨 법칙을 기억하는 것이다. 그것은 일하는 시간을 단축하면, 놀랍게도 그렇게 된다는 법칙이다.

마찬가지로, 직원 기준을 축소시키면 1인당 수익이 증가되거나 또는 적어도 안정된 상태를 볼 수 있을 거라고 기대할 것이다. 이것

은 사업 규모가 당장은 더 작아질지 모르지만, 긴축으로 인해 더 강
해지거나 강한 상태로 남아 있을 거라는 의미이다. 그래서 강한 기업
은 상황이 허락될 때 더 빨리 성장한다는 것을 알 수 있다.

# 프리랜서가 최고다

기업을 운영하는 데 가장 부담이 되는 것은 역시 인건비일 것이다. 그래서 든든하고 안정된 수익을 내는 기업을 설립하고 싶다면 —그것이 모든 사업의 목적이지만 — 사업가는 누구를 고용하고 그리고 어떻게 그들의 기술과 재능을 이용할 것인지를 계속해서 생각하고 결정해야 한다.

그러나 성공적인 사업을 위해 직원 관리에 관한 세부 방법으로 들어가기 전에, 미래에 사업이 빠르게 성장하는 것은 전적으로 또는 적어도 어느 정도는 프리랜서와 계약직 직원에 달려 있다는 것을 인지해야 한다. 그렇게 생각하는 이유를 설명하겠다.

프리랜서들과 계약직 근로자들(그들이 하루 종일 상근직원들처럼 사무실에 앉아 있다고 하더라도)은 일반적으로 더 나은 가치를 줄 것이고, 정규직 직원보다 마찰이 덜 생길 것이다.

나는 이것을 힘들게 배웠다. 내 첫 번째 사업이 엄청나게 힘들었을 때 프리랜서와 계약직 직원들은 회사를 정상화하기 위해 필요한 일이라면 무엇이든지 해야 한다는 생각을 가지고 성숙한 어른답게 행동했다. 하지만 정규직 직원들은 다른 접근 방법을 택했다. 불평하는 소수 직원들이 계속 사업을 어렵게 만들었던 것이다.

근본적으로, 회사가 직원을 줄이고 앞으로 실질 수익이 날 수 있는 구조로 바꾸어야 한다고 말했을 때에도(예상 수입과 정반대일 경우에서도) 프리랜서들은 이해했고, 그러한 도전을 받아들일 준비가 되어 있었다. 그러나 몇 명의 정규직 직원들은 이것을 거부했다. 직원들은 자신들의 권리가 있기에 불평할 이유가 없었다.

그러나 그 결과가 기업의 모든 사람 ─ 융통성 없는 직원들 및 프리랜서들와 계약직 직원들, 융통성 있는 직원들에게도 ─ 을 위해 막을 수 없는 상태가 되었다. 그러면 게임이 끝나는 것이다.

물론 동일한 잣대로 회사에 근무하는 모든 정규직 직원들을 나쁘게 보는 것은 말도 안 되는 것이다. 중요한 것은 모든 직원이 회사를 이렇게 어렵게 하는 것은 아니라는 점이다. 어려운 시기에 회사에 치명적인 문제를 계속 일으키는 것은 불과 몇 사람에 불과할 것이다.

결국 프리랜서와 계약직 직원들이 정규직 직원보다는 사업에 대해 성숙한 관계를 가졌다고 말할 수 있다. 그러므로 사업이 조만간 어려움에 처할 것이 확실한 상황에서 대부분 프리랜서 및 계약직원으로 구성된 부서(팀)원들과 함께 일하고 있다면 길을 찾기 위해 노력할 수 있다.

하지만 내가 진지하게 프리랜서들로 구성된 회사를 설립하라고 권고했을 때는 이미 여유를 가질 수 없거나, 법적으로 교체가 불가능한 직원들을 데리고 있는 경우가 대부분일 것이다.

그러므로 전통적인 고용 방식에서 생기는 실수를 다룰 필요가 있다. 그러나 이러한 점들은 또한 프리랜서 및 계약직 직원의 고용 및 근무와 관련되어 있다.

물론 그들이 문제를 일으킬 가능성은 적을 테지만, 설령 그렇다 하더라도 보통은 다루기가 더 간단할 것이다(결국 이것이 정확하게 프리랜서와 계약직 직원이 더 좋은 이유이다).

# rule.27
## 올바르게 프리랜서들을 고용하라

업무 처리를 잘하지 못하는 직원을 해고하지 못하는 상황에 있다면, 차선책으로 생각해 볼 수 있는 것이 프리랜서나 계약직 직원을 고용하는 것이다.

계약이 끝나면 그들은 분쟁이나 불화 없이 떠난다. 만약 회사와 직원 양측이 관계를 지속하고자 한다면 연장 계약서를 쓰거나 일정 기간 동안 공백을 두었다가 그 후 준비되었을 때 새로운 계약서를 쓰면 된다.

프리랜서가 우리 회사와의 계약 종료 후 쉬면서 다른 현장에서 일하는 이점은 그들이 자신들의 경험을 넓히고 깊이를 더할 것이라는 사실 때문이다.

만약 6개월 후에 다시 그 사람을 고용한다면, 그는 사업에 도움이 될 만한 새로운 기술과 지식을 습득했을 것이다. 그의 훈련과정에 내 돈을 투자하지 않았는데도 말이다.

## 회사에서 일하는 프리랜서들

많은 사업가들이 프리랜서와 계약직 직원들을 자신의 회사에서 일하게 해서든 안 된다는 잘못된 인식을 가지고 있다. 이건 정말 잘못된 것이다. 부서 내에 프리랜서가 필요하다면 계약에 의해 근무하도록 할 수 있다. 프리랜서들과 계약해 그들의 성과를 이끌어 내야 한다는 뜻이다.

만약 프리랜서 직원이 독자적인 프로젝트를 수행해 파트타임으로 일하기를 원한다면 재택근무를 허용할 수도 있다.

프로젝트가 시간이 촉박하거나 복잡한 팀 프로젝트 또는 그 일에 문제가 생길지라도(예를 들면 생각 이상으로 복잡한 상황의 발생 따위), 회사에서는 그들을 원할 것이다.

단, 정리해고나 연금, 기타 여러 가지 세금 문제 때문에 발생 가능한 장기적인 채무는 축적되지 않도록 해야 한다.

# rule.28
## 적합한 사람을 구할 수 있을지를 늘 물어보라

사업가의 중요한 목표 중 하나는 지금 당장, 그리고 앞으로 언제든지 회사에 가용 잠재력이 있는 자원들을 알고 이해하는 것이다.

왜 그럴까? 사업이 성장함에 따라 사업가들은 매일매일 하는 활동이 점점 더 적어질 것이다. 그래서 주위에 있는 믿을 수 있는 사람들로 이루어진 팀을 키우고, 그들에게 점점 더 의존하게 될 것이다.

그것은 꼭 배워야 할 것들이다. 이러한 것들은 작은 회사의 사업가로 남아 있는 것과 다양한 사업체를 거느린 성공한 사업가 사이의 차이를 의미한다.

물론 사업가는 저마다의 스타일을 개발할 것이다. 그것은 좋은 일이다. 그러나 모든 사업 성공으로 가는 데 있어서 중요한 원칙은 사업가는 회사에 적합한 사람을 구할 수 있을지를 늘 관심을 갖고 자문해야 한다는 것이다.

예전의 시행착오를 포함해 할 수 있는 모든 채용 방식을 조심스럽게 계획하고 실시하는 것 이외에 이것에 대한 만능 공식은 없다. 미국 미시간 주립대학 연구팀에 의하면 직원 중에 14%만이 2~3년 동안 일한다. 그러므로 기업은 융통성 있는 고용 구조를 유지하는 것이 중요하다. 왜냐하면 이것이 사업을 망하게 하는 비용을 들이지 않고도 문제를 해결할 수 있게 해 주기 때문이다.

신흥 산업에 종사하고 있다면, 이러한 융통성은 그것을 기꺼이 사용하려는 의지와 함께 성공하는 회사와 중도에 실패하는 회사 사이에서 중요한 역할을 할 것이다.

사실 계약직 및 프리랜서들 또는 상근직 직원과 일하든 어떻든 크게 중요하지 않다. 어떤 경우든지 계속해서 올바른 역할을 할 수 있는 적합한 사람을 가지고 있는지를 다시 평가할 필요가 있는 것이다. 지금까지 나의 경험으로는 프리랜서들은 내가 깨닫기도 전에 잘못된 점이 있다고 알려 주었다. 반면에 정규직 직원들은 그렇지 않았다.

프리랜서들은 보통 스스로 문제를 해결한다. 즉 다른 역할로 이동하든가 다른 계약처를 찾든가 하는 방식으로 말이다. 반면에 정규직 직원들은 현실을 회피하려는 성향이 더 크다.

그래서 만약 정규직 직원으로 구성된 부서(팀)를 관리하려고 한다면, 프리랜서 직원들보다는 적절하게 고용했는지 생각해 보는 데 더 많은 시간을 보내게 될 것이다.

## rule.29
# 더 나은 직원을 고용하라

신흥성장 기업이 직원을 채용하는 가장 적절한 방법은 무엇일까? 일단 걸러 내기가 있다. 즉 사업가보다 더 나은 사람들을 고용하는 채용 방식으로, 꼭 거쳐야 할 단순한 원칙이다.

그렇다면 어떤 직원이 사업가인 나보다 더 나은지를 어떻게 알까? 근무분야에 대해 이야기할 때, 그가 나를 가르치거나 일이 어떻게 진행되는지를 제대로 설명하고 있는가? 또는 그가 계속해서 내 지식에 도움을 주고 있는가? 그렇다면 그는 나보다 더 나은 것이고, 그 반대라면 그는 나보다 못한 것이다.

어떤 일을 나보다 못하는 사람한테 맡긴다면 그건 분명 잘못된 선택이다. 반면에 다른 사람이 나보다 그 아이디어를 훨씬 더 잘 실현시킬 수 있다면, 그는 분명 재능을 갖고 있는 것이다. 이 문제는 절대 타협할 수 있는 영역이 아니다.

그렇다면 부하직원을 둘 여유가 생겼을 때 어떻게 나보다 나은 사람을 고용할 수 있을까? 간단하다. 고위 간부로 성장해 더 많은 시간을 근무하게 될 때까지 일단 그를 일주일에 하루만 고용하는 것이다.

이러한 식으로 하면 높은 수준의 경험과 지식이 그날부터 엄청난 성장 가능성을 가지고 내 사업에 들어오게 되는 것이다.

실제로 고위직을 이렇게 고용할 수 있는가? (즉 일주일에 하루만 일하는 최고 수준의 관리자를?) 그렇다면 그 기간 동안은 평균 수준 이상의 일자리로 생각하고, 세계적인 대기업의 비상임이사 직을 고려하라.

이 이사들은 매우 다양한 기업을 위해 일하고, 어디에서든 상근직으로 일하지 않는다. 그들의 파트타임 참여가 부서(팀)를 더 약하게 만들까? 절대로 아니다. 한 달에 하루만이라도 고급 비상임이사가 사업을 이끌도록 한다면, 그것을 직원들이 거부할까?

많은 성장 기업은 대학이나 연구기관에 붙어 있는 인큐베이터에 기반을 두고 있다. 실제로 그러한 곳에 기반을 두고 있지 않다면, 이러한 장소는 임시로 일주일에 하루를 기본으로 하거나 이와 비슷하게 하면, 많은 초창기 기업에서 일하는 데 능숙하고 경험 있는 능력을 지닌 경영자들로 가득 찰 것이다.

일주일에 하루 기준으로 최고 수준의 사람들을 고용할 수 없다는 생각은 시야가 좁은 사고의 변명일 뿐이다.

사업에 기술과 재능을 채용하는 세계가 실제로 변했고, 성공하고 싶다면 이러한 변화들을 잘 이용하는 것이 중요하다. 필요 이상의 경력을 가진 직원을 고용하는 것은 기업이라는 바로 그 유전자 속에 성장 동력을 만드는 것이다.

## 매일 최고를 기대하라

|

사업에서 우수한 실적을 거두었다는 말은 부서(팀)에서 훌륭한 성과를 냈다는 것을 의미하고, 그런 의미는 적재적소에 적절한 사람이 있다는 뜻이다. 시간은 변하고, 직업도 변한다. 직업과 시간이 동일하게 남아 있다면 사람이 변할지도 모른다(즉 자신을 훌륭한 직원으로 만드는 동기나 흥분을 잃어버린다. 특히 스트레스를 많이 받는 영업사원인 경우에 더욱 그렇다).

그래서 '좋은 직원은 언제나 좋은 직원이다'라는 말이 있다. 그런데 이런 이유 때문에 종종 사업가들은 그 직원이 사업에 긍정적으로 기여하지 못한 후에도 그를 오래도록 붙잡고 있는 실수를 저지른다.

사업 초창기에는 소규모이기에 개인이 모든 것에 관여하지만 나중에는 자신의 역할이 작아지고 구분되는 거대 조직으로 바뀔 것이다. 사업이 커지면서 업무가 바뀌고, 이에 따라 실제로 새로운 개인적인 목표와 동기가 작동하기 시작한다.

이러한 경우에 직원들에게 전과 같은 동기부여가 되지 않는다면 그들에게 가장 좋은 것은 또 다른 초기 사업(아마도 다음 벤처기업)을 찾으러 나가는 일이다.

그것이 직원들과 사업가에게 좋은 일이 될 것이다. 마찬가지로 직원의 개인 업무에 대한 동기부여는 변할 수 있다. 이것은 특히 영업팀에 적용된다.

다만 경영자로서 그들이 해 왔던 것에 기반을 두거나, 그들이 다시 자신들의 불꽃을 찾을 수 있을지도 모른다는 희망으로 너무 오랫동안 그들에게 집착하고 있는 건 아닌지 확인해야 한다.

할 수만 있다면, 가능한 한 빨리 그들에게 새로운 동기부여의 불을 다시 붙이기 위해 새로운 업무를 맡겨 주어라. 과감한 결단을 회피하는 것은 결국 회사나 그들에게 어떠한 유익도 주지 않고 분노만 만들어 낸다.

만약 그들이 열정을 잃었다면 3~4개월 동안 쉬도록 권할 수도 있다. 물론 이것은 직원의 역량이 부족해서 새로운 사업을 접어야 한다는 것을 의미할 수도 있다.

하지만 단순히 최대한의 매출을 추구하는 것보다는 정상에 있는 직원들에게 최고를 유지하도록 격려하는 것이 더 중요하다는 것을 기억하라. 이것은 판매와 수익이 중요하지 않기 때문이 아니다. 그것들은 중요하다. 하지만 직원들이 하는 일에 최고를 투입시키려고 노력하지 않는다면 앞으로는 수익 증대를 기대할 수 없다. 가끔은 강하게 앞으로 나아가기 전에 한발짝 뒤로 물러나는 것이 필요하다.

## 저조한 근무 성적에 관대하지 말라

많은 사람이 회사를 떠나는 실제 이유는 보통 저조한 근무 성적이 받아들여지지 않기 때문이다. 이 사실은 나를 놀라게 했다. 믿지 못하겠는가? 그렇다면 다음의 글을 읽어 보라.

"일단 회사가 어느 정도 충분히 커지면, 회사는 다른 사람들의 노

력을 이용하는 무임승객들을 위한 안식처가 된다. 그러면 회사는 점
차 게으름뱅이로 차게 되어, 능력 있는 직원은 마침내 갑작스럽게 회
사를 떠나는 결정을 하게 된다.”
– 사업이 망하는 이유의 악스텔 모형Axtell's model에 대한 필립 발Phillip
　　Ball의 논고


충격적이지 않은가?

이것은 관리자로서 내 시간과 에너지를 실적이 저조한 직원을 돌
아보는 데 사용하는 것은 잘못되었다는 뜻이다. 대신 최고 실력자에
게 관심을 갖는 것이 중요하다. 그것이 그를 더욱 뛰어나게 하는 데
도움을 주고, 능력이 부족한 직원을 대신하게 한다.

최고 실력자가 화를 내며 떠나는 상황을 만들고 싶지 않다면, 저조
한 실적에 대해 관대한 여유를 가질 수 없을 것이다.

## rule.30
# 자원이 허락하는 한 빠르게 성장하라

일을 함께 시작한 많은 사람이 기대했던 것만큼 움직이지 않을 것이다. 그렇다고 강제로 빠른 보폭으로 억지로 성장시키려 한다면 훨씬 더 악화될 것이다. 그래서 나보다 더 나은 자질을 가진 직원을 채용하려면 종종 시간이 걸린다.

직원들에게 요구되는 수준의 기술이 부족하다는 사실을 안다면 사업을 줄일 필요가 있다. 더군다나 가혹하지만 현 상황보다 더 높은 수준으로 올라갈 수 없다면 사업을 접는 것이 오히려 더 낫다.

어렵다는 것은 나도 안다. 그러나 할 수 있다면, 그리고 이러한 원칙을 사업 핵심으로 만들 수만 있다면, 결국에는 아주 강한 기업으로 재탄생할 것이다.

## 성장하기 전에 모집하라

|

기업 성장에 맞춰서 직원을 뽑는 것은 실수다. 대신에 적당한 사람

을 찾았고, 그때 성장을 이어가려면 비용을 들여야 하기 때문에 직원을 채용해야 한다. 사실 매우 능력 있는 직원들끼리 결합시킨다면 아주 높은 수준의 일이 회사로 들어올 가능성이 있다.

그 반대로 긴급히 필요할 때만 직원들을 모집한다면, 성급하게 직원을 채용할 것이고, 그러면 평상시보다 더 많은 실수를 할 가능성이 있다.

그러니 사업이 성장하기 전에 미리 팀을 준비하는 것이 중요하다. 그러지 않으면 어쩔 수 없이 '당장 일할 수 있는 사람'만 구하게 되고, 결국 제대로 된 인재를 구하지 못하게 된다.

## 관리자들을 불안하게 만드는 문제

많은 일이 몰리게 되면, 그것 때문에 직원들을 서둘러서 채용한다. 관리자라면 종종 더 많은 자원이 필요할 것이다. 아니, 그는 그렇게 해 주지 않으면 더 이상 회사를 발전시킬 수 없다고 말할 것이다.

빠르게 성장하는 기업에서, '더 많은 인력이 확보되기 전에는 회사를 발전시킬 수 없다'라고 말하는 관리자는 사업가를 어려움에 빠뜨리게 할 것이다. 물론 어떤 경우에는 고용한 관리자가 핵심을 파악하고 있을지도 모른다.

하지만 문제는 판단하기가 어렵다. 그래서 이때 사업가는 새로운 관리자를 찾아야 할 것인지 또는 추가적인 자원을 준비해야 하는지를 잘 선택해야 한다.

하지만 많은 경우에 제대로 선택하지 못할 것이다. 그리고 이렇게 반응할지 모른다.

'이 이상의 추가 자원은 없다. 현재 있는 것을 가지고 우리가 할 수 있는 다양한 방법을 찾아보자.'

그러나 앞서 말했듯이 귀중한 사업을 실행하지 못하는 능력이 부족한 직원에게 헛된 시간을 사용하지 말라. 대신에 사업을 돌아보고 현재 있는 가용 가능한 자원을 다룰 수 있는 관리자를 찾아라.

이러한 경우에 몇 가지 자신의 일을 다른 관리자에게로 이전시켜서 그 관리자를 도와주도록 선택할 수 있다. 이것이 종종 두려움을 해결할 수 있는지 없는지를 알아내는 가장 좋은 방법이다.

관리자가 자신의 일을 내놓도록 하고, 그것을 다른 관리자가 해결할 수 있다면, 어느 관리자가 일을 훌륭하게 수행하는지가 금방 분명해진다. 그러면 사업가인 내가 해야 할 일을 분명하게 알게 된다.

같은 관리자가 나에게 다시 와서 "더 많은 직원이나 자원이 필요합니다"라고 말한다면, "그래, 그러면 나는 새로운 관리자가 필요해"라고 대답하는 게 당연하다.

# 최고능력자가 아닌, 배고픈 자를 고용하라

최고의 능력을 가진 직원을 고용해야 한다고 생각하는 것은 실수다. 누가 최고의 직원일까?

2007년까지 많은 기업체들은 '재능 있는 직원들을 확보하기 위한 전쟁'의 와중에 있다고 생각하고 있었다. 마치 재능을 금이나 기름처럼 소유할 수 있는 것처럼 말이다. 하지만 그건 잘못된 생각이다.

최고의 직원은 종종 승진에 굶주린 사람들이다. 그들이 더 많은 돈을 받을 수 없는 이유는 경력이나 자격이 부족하기 때문에 낮은 연봉으로 회사 생활을 시작하게 되기 때문이다.

화려한 경력을 가진 고급 직원은 굶주림이 없어져 버릴지도 모른다. 이것은 직원 채용 시점에서 분명하게 드러날 수 있거나, 1년이나 2년 아니면 5년 후에 나타날 수 있다.

그러므로 직원 채용 면접에서 누가 '최고의 직원'임을 알 수 있을 거라고 생각하지 말아야 한다. 이러한 사항은 오직 그들이 만들어 내는 결과를 보고서야 알 수 있다. 이러한 점이 프리랜서나 계약직 직원을 채용하게 하는 또 다른 타당한 이유이다.

최고의 직원이라고 생각하는 사람이 계약직에 동의할 수도 있다. 걱정이 된다면, 최고의 직원을 원하는 게 아니라는 사실을 기억하라. 회사가 찾는 사람은 성공과 열심히 일하는 것을 갈구하는 사람들이다. 그들에게 누구에게도 주지 못할 기회를 제공하라.

그러면 그들이 프리랜서나 계약직 직원으로 일해야만 하는 합법적인 근거를 문제 삼겠는가?

## 중간 관리자들을 관리하라

사업이 어느 정도 성장하면 중간 관리자들을 평가할 수 있는 장치가 필요하다. 제일 좋은 방법은 일반적인 '직원 업무평가'다.

업무평가는 모든 직원(프리랜서, 하청업자, 대리점, 정규직 직원)을 포함해 진행하고, 이 과정에서 중간 관리자들이 각 직원들의 취약점과 장점을 찾아내고 거기에 적절하게 대응하는가를 살펴보면 그 중간 관리자의 능력을 알 수 있다.

이것이 바로 중간 관리자들의 업무평가가 되는 것이다.

# rule.32
## 직원에 대해 적절한 대가를 지불하라

옛말에 '원숭이가 필요하면 땅콩을 주어라'는 말이 있다. 종종 이 속담은 월급이나 수수료가 평균보다 더 많은 것을 정당화하는 데 직원이나 채용 컨설턴트에 의해 사용되곤 한다.

대부분의 사업가들은 땅콩 가격에도 변동이 있다는 것을 잊고 있다. 이것은 호황 때에는 더 많이 지급하고 불황 때에는 지급 금액이 적어진다는 것을 뜻한다. 뭔가를 지급하는 것은 원칙적으로 지역시장에서 일어나는 사항에 대한 것이다.

그런 이유로 제시하는 금액이나 대우 수준이 싫으면, 다음과 같은 몇 가지 선택권이 있다.

- 공급이 더 나아질 때까지 기다리기
- 지역시장 밖을 보거나 더 낮은 비용으로 장소를 옮기기
- 많은 프리랜서들을 증원시킴으로써 더 많은 공급처 찾기

## 왜 내부에서 채용하기 위해 애를 쓰는가?

빠르게 성장하는 신생기업들은 직원 채용과 관련해 다음과 같은 문제를 안게 된다.

- 승진시켜야 할 아주 소수의 직원
- 빠른 속도로 발전하는 기업의 필요성

그래서 간접비를 늘리지 않고 많은 직원을 보유하는 것은 오직 한 가지만을 의미한다. 즉 굉장히 많은 수의 프리랜서와 계약직 직원을 두는 것이다.

이와 마찬가지로, 새로운 업무를 만들 때에는 6개월이나 12개월 고정된 기간을 정해 계약직 직원을 두는 편이 더 낫다.

만약 그 업무를 통해 가치를 창출하고자 한다면(즉 이익을 낼 수 있는), 그 업무는 영구직이 될 것이다.

이와는 별개로, 그 업무를 감당할 수 있는 적합한 사람이 누군지 자문할 수 있을 것이다. 단순히 그 업무를 담당한 사람이 영구직을 담당하기에 적합한 사람이라고 생각하지 말라. 종종 그가 아닐 수도 있다. 새로운 업무를 담당할 수 있는 최우수 직원이 있다면, 그 사람에게 그 업무를 맡기는 것이 더 낫다.

## 기업체 근무 경험이 있는 고위간부를 임시로 활용하라

새로운 비즈니스 서비스를 하기 위한 방법을 모색하려고 할 때, 다른 사람이 이미 비슷한 일을 했을 가능성은 거의 없어 보인다.

이때 사업가가 만나야 할 사람은 미지의 변화를 다룰 수 있는 정말로 경험 많은 간부이다. 즉 성장 기업에서는 고도의 경영 능력을 가진 고위간부를 임시로 채용하는 것이 이러한 문제를 해결할 더 좋은 기회가 될 수도 있다. 임시 고위간부들이 그 역할보다 더 우수하리라고 기대되는 반면에, 경력 및 상근직 간부는 그렇지 못하다.

게다가 임시직은 즉각적으로 채용이 가능한 편이기에 신속히 근본적인 문제들을 다룰 수 있을 것이다. 반면에 기존 업무에 맞는 고위간부를 채용한다는 것은 6~12개월짜리 일자리가 된다. 사업가에는 그렇게 오랫동안 기다릴 여유가 없다.

# 절대로 무리하게 승진시키지 말라

소규모 기업에서는 너무 많은 직원을 무리하게 승진시킨다. 그렇게 되면 기업이 성장하게 될 때 경력직원을 채용하기가 어렵게 된다.

앞서 직원 채용의 어려움을 강조했지만, 유혹이 생기더라도 기존 직원들을 무리하게 승진시킴으로써 일을 해결하려고 하지 말라.

승진이 항상 실적 향상과 일치되는 것은 아니다. 그러니 무리한 승진은 금물이다. 특히 처음부터. 더 좋은 선택들이 있다는 것을 알게 될 것이다.

## 실행 역할과 나누는 역할

사규에 따라 직원에게 승진을 제안할 수 있다. 실행 역할은 어떤 사람이 정말로 중요한 업무에 적합한지 증명되지 못한 상태에서 그 역할을 할 수 있을 것이라고 추측하는 것이다.

이런 행위는 고위 직책에 대한 매우 명확한 목표를 설정해서, 만약 그러한 목표가 충족되지 못한다면 그 고위직은 사라져 버릴 것이라는 것을 확인시키고 결정할 수 있다. 이러한 경우, 직원이 중요한 목표를 수행하지 못하면 그는 이전 업무로 돌아갈 수 있다.

자, 새로운 직책에 있는 어떤 사람을 확증하는 일이 쉽지 않을 거라고 생각하지 말라. 물론 쉬운 일은 아니다. 그리고 확증을 받지 못하면 떠날 수도 있다. 그 오류를 해결하기 위해 잘못된 정리해고를 해야 하는 경우보다는 그들이 떠나는 경우가 더 많을 것이다.

또 다른 방법은 고위직을 나누어서 두 사람이 추가적인 책임을 함께 부담하게 하는 것이다. 이른바 역할 분담인 셈이다. 그러면 더 성공적인 후보자를 업무 책임자로 선택할 수 있다.

## 고위직을 채용하려면 전문업체를 활용하라

회사 외부에서 고위직 직원을 채용하려고 한다면 전문 리쿠리팅 업체를 찾을 필요가 있다. 이때 시내 중심가에 있는 직업소개소를 이용하거나 신문광고에 게재하는 평범한 접근 방법을 선택하지 말라. 그런 방법은 거의 효과가 없을 것이 확실하다.

오랜 기간 동안 경력직원을 관리해 온 전문업체를 찾아라. 그들은 자신들이 추천하는 사람을 보증할 수 있다. 채용하는 사람은 신뢰할 만한 보증인이 있어야 한다. 이것이 흠잡을 데 없는 경력을 보유할 거라는 의미는 아니다. 많은 훌륭한 고위직원은 몇 가지 큰 실수를 함으로써 위대하게 된다. 그러니 이러한 사람들을 무시하지 말라.

# 고위직원의 배우자를 만나라

고위직 직원은 배우자를 등한시하게 되면 업무 효율성이 떨어질 것이다. 그는 오랫동안 회사에서 일할 것이고, 집에서 멀리 떨어져 있게 될 것이다. 어쩌면 그를 이사시키는 것도 필요할 것이다.

세 가지 요인들이 모두 그의 배우자와 가족들에 대해 심한 부담감으로 작용할 것이다. 그래서 가족은 새로운 직책에 도움을 주도록 할 필요가 있다. 그러므로 그와 계약하기 전에 가족들을 만나야 한다.

만약 이주할 지역이 외국이라면(영어권이 아닌 경우라면 특히나 더 그렇게 해야 한다) 특히 중요하다. 그러한 곳에서 집에 있는 사람들은 외롭고 고립되어 있다는 생각을 할 위험이 있다.

# 직원 채용 시 사전에 증빙서류를 활용하라

많은 사람들이 자신의 이력서에 어느 정도는 자신에 대한 정보를 드러낸다. 아마도 그들은 이력서를 통해 본인이 대단한 사람이라는 점이 전달되었을 거라고 생각하지만, 실제로 그 능력은 자신이 속해 있던 부서(팀)에 따라 결정된다.

그러니 증빙서류들을 받아서 그들이 자랑하고 있는 중요한 실적과 경험이 무엇인지를 입증할 시간을 가져라.

사업가가 증빙서류들을 받는 것은 보통 2차 면접, 즉 임원 면접을 앞두고서이다. 그래서 증빙서류를 확인하는 것은 그 사람을 채용하지 말아야 할 분명한 이유가 없다는 것을 확인하는 과정이다.

하지만 그것은 증빙서류들을 효율적으로 사용하지 못하고 있는 것이다. 실제로 이미 채용 결정은 되어 있는 상태이기에 모든 지식은 쓸데없는 것이 되어 버린다. 그렇게 되지 않기 위해 만약 6명 이하의 지원자가 있다면 1차 면접 전에, 더 많은 지원자가 있을 경우에는 1차 면접 후에 증빙서류를 받아라.

평상시보다 좀 더 일찍 증빙서류를 받는 목적은,

- 수행업무 수준을 확인하고
- 업무기간과 월급을 확인하며
- 정직과 성실성에 어떤 문제가 있는지 알아보고
- 일을 깔끔하게 할 수 있는 능력 여부를 확인하는 데 있다.

증빙서류를 받는 대부분의 사람들은 면접관들에게 처음 세 가지의 질문을 할 테지만, 아마도 질문이 하나 더 생길 수도 있다. 그것은 '이 사람을 다시 채용하실 건가요?'이다.

그러나 마지막 질문은 실제로 중요한 질문이 아니다. 중요한 질문은 '이 사람을 예전 직책보다 더 상위 직책으로 다시 채용하실 건가요?'이다. 왜 이러한 질문을 하고 싶은 건가? 간단하다. 직원은 항상 다음과 같은 이유 때문에 직장을 옮긴다.

- 현재 받는 급료보다 더 많은 급료를 받기 위하여
- 현재 업무에서 승진을 하기 위해
- 해고 / 퇴출 / 업무에 대한 염려
- 다양한 경력을 쌓을 수 있는 회사이거나 가족 이사 때문이거나, 또는 둘 다인 경우

이사로 인해 직장을 옮기려고 한다면 연봉 인상을 기대하지 않고, 오히려 삭감을 기꺼이 수용할 것이다. 그러나 여전히 예전 고용주가 기꺼이 그들을 다시 고용하겠다는 사실을 확인하고 싶을 것이다.

직장을 옮기는 또 다른 이유는 성공해서 더 많은 돈을 벌고, 더 높

은 직책으로 승진하고 싶기 때문이다. 왜 그들은 이전 고용주에게서 이러한 것을 성취할 수 없었을까?

자, 이것에 대한 타당한 이유가 있을지도 모른다. 그 이유를 알고 싶고, 또한 예전 고용주가 무엇을 생각하고 있는지를 알고자 한다. 이러한 것을 알지 못하면 계속해서 사람을 잘못 채용할 확률이 86%나 된다. 이는 미시간 대학에서 제시한 면접만으로 직원을 채용할 때 발생하는 평균 수치다.

## 직위를 피하라

기업이 작고 높은 연봉을 주지 못할 때는 대신 더 높은 직위를 제공하고 싶어진다. 물론 높은 직위가 기분을 좋게 만들어 주기 때문에 많은 직원들이 높은 직위를 가지고 싶어 한다.

그러나 일단 직위가 주어지면 다시 회수하기가 매우 힘들다는 사실에 주의해야 한다. 만약 5만 파운드의 자금 회전율을 가진 기업이 500만 파운드의 자금 회전율을 지닌 회사로 발전하면 고위 관리자를 고용하기 위해 싸워야 할 것이다.

직원들은 자신들이 회사에서 발전하고 있다는 생각을 하길 원한다. 그러나 그들이 그럴 만한 자격이 있는가? 만약에 그들이 핵심 성과 지표(약자로 KPI)를 가지고 있다면 더 크게, 좀 더 도전적인 KPI를 설정할 수 있다. 그렇지 않으면, 그것은 분명히 피해야 할 일이다.

그리고 비록 그들이 자신들의 KPI를 성취했다고 하더라도 그것은 특별히 큰 보상의 대가는 아니다. 자신들의 KPI를 성취한 사람들을 알아보기 위한 방법을 생각해 보라.

KPI는 보너스, 즉 그 해당 달의 직원에 대한 보상과 같은 것으로 이기심을 이용하고 잘못된 권위의식을 부여하는, 고정적이면서 영구적인 구조이거나 직위가 아닌 것이다. 그것은 직원들에게 아무런 도움이 되지 않는다.

책임감을 설명하는 더 나은 방법은, 예를 들면, 어떤 사람의 명함에 '수석 기술부장'보다는 '기술개발을 책임지고 있다'라고 적어 넣는 것이다. 그것은 영구 직위라기보다는 자신들의 직책을 바꿔서 정확하게 설명할 수 있는 방법이다. 모든 사람에게 높은 직위를 부여하지 말라. 그리고 직위에 동의하지 않는다면, 그들에게 '컨설턴트'라는 이름을 갖도록 해 주어라.

직위는 전통적인 계급제도를 기반으로 한 기업에서 나온다. 이러한 형태는 고정된 구조로 작용한다. 이것은 오늘날의 기업에서 이루어지는 방식이 아니다.

요즈음에는 고도의 적응력이 필요하고, 자신의 역할을 기꺼이 바꾸면서 주저하지 않고 변화해야 한다. 특히 엄청나게 성장하는 기업을 설립하고자 한다면 융통성 있는 책임감이 필요하다.

---

## 합법적으로 등록된 이사만 이사 직함을 갖는다

|

어떤 사람에게 이사 직함을 줄 때는 좀 더 신경을 써라. 이사회에서 한 자리를 차지하지 못하고 있을지라도, 외주사는 이사가 계약에 서명하고 책임을 지는 것과 연관된 몇 가지 권리들을 갖게 될 거라고 기대하는 것이 관례이다.

다른 직원들이 이러한 권한을 가지게 하고 싶지 않으면, 명함에 이 사라고 된 직함을 그에게 주지 말라.

# 성공에 채용 수수료를 지불하라

기업 입장에서 성공적인 직원 채용은 2~3년 동안 일할 수 있는 사람을 구하는 것이다. 헤드헌팅 업체에서의 성공적인 채용이란 해고당하지 않고 입사 후 3개월을 견뎌 내는 사람이다(이 기간이 보통 헤드헌팅 업체의 환불을 제한한 조항이 있기 때문이다).

헤드헌팅 업체를 활용하는 방법은 계약을 맺고 직원을 채용하고, 헤드헌팅 업체에는 직원이 받을 연봉의 일정 비율을 지불하는 것이다.

이것이 흔히 사용하는 방법이고, 제3자인 산하기관을 통해서 이루어질 수도 있다. 그 의미는 직원에게 연봉 지불을 정지했을 때, 그 업체에도 돈을 지불하지 않는다는 말이다.

이것은 이익을 조정하는 더 나은 방식이다. 헤드헌팅 업체는 6개월 또는 그 이상을 함께 일할 직원을 찾기 위해 열심을 다하고 있다는 것을 확인시키려 할 것이다. 왜냐하면 그들은 그 과정에서 지속적으로 더 많은 돈을 벌기 때문이다.

이것은 기업이 매달 판매량을 달성하는 데 도움을 주어 헤드헌팅 업체는 빠르게 수수료를 챙길 수 있지만, 그 이후에 내 회사에서 빨리 사라져 버릴 수 있는 사람과는 정반대이다.

그리고 비록 이런 사람을 고용하는 데 더 많은 비용이 든다고 생각될지라도 — 왜냐하면 매달 일정 비율을 돈을 지불하기 때문에 — 실제로는 적은 비용이 든다. 해고 및 재고용 비용과 엄청난 관리 노력을 헛되이 낭비하지 않아도 되기 때문이다.

다만 그것이 직원을 채용하는 데 고용비용만 두 달치 월급이 들고, 해고하는 데도 보통은 한 달치 월급이 들기 때문이라는 것을 생각하라. 그래서 모든 실수에 대해 연봉 중에서 25%를 지불하게 된다.

이러한 사항을 매년 10%에 해당하는 가치로 기꺼이 바꿀 것인가? 반드시 그렇게 해야 한다.

# rule.38
## 새로운 직책은 임시직으로 하라

모든 새로운 직책은 계약 종료일을 정해서 임시직으로 두어라. 이 것은 그 직책의 역할이 끝날 때 기업이 그 업무를 영구직으로 두겠다는 명확한 결정이 없으면 그 일이 그날 끝날 것이라는 뜻이다.

이것은 그 직원으로 하여금 계약 연장을 수긍할 정도의 만족할 만한 결과를 낼 수 있게 해 준다.

그러므로 그 직책이 연장되려면 이에 걸맞는 증거를 제시해야 한다는 주장을 확고히 해야 한다. 즉 처음부터 다음 달에 어떻게 할 것이라는 약속이 아닌, 판매 및 수익에 대한 명확한 증거가 필요할 것이라고 천명하라.

## 채용을 결정할 때는 조심, 또 조심, 정말 조심하라

사업가들이 놓치는 중요한 것 중 하나가 직원 채용은 쉽게 돌이킬 수 있는 사안이 아니라는 점이다. 직원을 새로 고용하는 것은 쉽다.

그렇지만 아주 비싼 대가를 지불한다. 근무 성적이 좋지 못한 직원을 다루고 해고하는 일은 감정적으로 너무나 단조롭고 지치게 만든다.

내리막길과 비교해서 오르막길은 쉬운 법이다. 그러므로 채용을 잘 해야 한다. 사업가의 권한으로 적재적소에 맞는 인물을 구하기 위해 모든 수단을 다해야 한다. 그리고 적당한 사람을 고용할 수 없다면 기업 성장을 기꺼이 늦추어야 한다.

그리고 마지막으로 그 일이 제대로 이루어지지 않고, 그로 인해 스트레스 수치가 아주 높아진다면 기업의 규모를 줄이고 참견 없이는 지속적으로 안정된 성장을 유지하지 못하는 관리자를 정리해고하라. 그런데 만약 어떤 식으로든 확신이 없으면, 그를 계약서에 근거해 계약 만료일까지 데리고 있어라.

# 업무 성적이 좋은 부서는
# 스트레스 수치를 낮추는 것과 같다

　성장을 목표로 하는 사업가들이 흔히 하는 실수는 직원들을 다룰 수 있는 것보다 더 빨리 사업을 성장시킬 수 있다고 생각하는 것이다. 이렇게 되면 두 가지 결과를 불러올 것이다.

　첫 번째로는 매우 높은 수치의 스트레스가 생긴다. 이럴 때는 그 뒤에 생기는 약점이나 자신의 부서(팀)에 있는 실수를 교정하고 만회해야 할 것이다. 두 번째로는 부서(팀)를 약화시키는 것이 아니라 애당초에 약한 부서(팀)를 만들 것이다.

　약한 부서(팀)는 서서히 사업을 무너뜨리거나 실적이 나쁜 직원을 정리해고하게 하고, 그리고 다시 새로운 직원을 채용하도록 하는 악순환을 거듭하게 한다.

　그런 과정에서 사업가는 지쳐 버릴 것이고 그 사업은 실패하게 될 것이다. 너무 많은 스트레스를 받는다면, 잘못된 직원들을 데리고 있는 것이다. 그러니 장기적으로 스트레스 수치를 낮춰 줄 재능 있는 직원을 꾸준히 찾아보아라.

## 직원이 떠날 때는 싸우지 말고 보내 주어라

직원은 떠난다. 그러니 싸우지 말라. 가끔 직원은 지치거나 의욕이 소진돼 버려, 변화가 필요한 때도 있다. 그것은 사적인 것이 아니다. 그러니 그로 인해 마음의 평온을 빼앗기지 않도록 하라. 그래서 직원도 가끔은 그냥 떠날 필요가 있다.

어떤 직원이 떠나기로 작정할 때는, 다른 형태로 기업을 자유롭게 편성할 기회이다. 최소한 그 일에 필요한 기술들에 변화가 있을 것이고, 회사가 그 점을 알아차리지 못했을 가능성이 매우 클 것이기 때문이다. 사업이 성장해 왔다면 이것은 틀림없는 사실이다.

고객들은 놀라울 정도로 새로운 직원과 부서(팀)를 쉽게 수용한다. 그것은 직원이 피곤해 한다면, 고객들도 그렇게 느끼기 때문이다. 모든 사람이 산뜻하게 출발하는 것이 서로 유익하다.

나는 종종 좋은 직원들이 떠나겠다는 의사를 표현할 때 만류하는 실수를 저질렀다. 이제는 그들이 떠나게 놔두고, 그들이 남기고 간 것이 무엇인지 알아보는 편이 낫다는 것을 알게 되었다.

그들이 떠난 자리를 성급하게 채우는 것도 현명하지 못한 조치이다. 그 대신 몇 주일 동안 그들 없이 회사가 어떻게 운영되며, 적절하다면 사업에 적용할 다양한 기술들을 찾기 위해 관망하는 것이 좋다.

## 절대로 직원을 붙잡아 놓기 위해 연봉 인상을 제안하지 말라

직원들을 붙잡아 놓기 위해 연봉 인상을 제안하는 것은 위험한 처사이다. 그것은 기존 직원에게 연봉 인상을 원하면 회사를 나가 새로운 일자리 제안을 받으라는 것을 강조하는 모양이 되어 버린다.

그러니 굳이 이러한 메시지를 보내지 않도록 해야 한다. 만약 회사를 떠나는 사람이 계속 연봉을 적게 받아 왔다면 부서(팀)를 바꾼다는 조건의 연봉 인상은 추천할 만하다. 이때는 그에게 공정하게 지불해야 한다. 일찌감치 적정한 연봉을 받는 것이 이상적이지만, 가끔은 실수도 생기기 마련이다.

그리고 회사 전체 지급액이 너무 낮다고 판단되면, 그것에 대해 적절한 조치를 취하라.

# CHAPTER 03

# 최고가 되게 하라

# 최고가 되게 하라

기업들 모두는 최고가 될 것을 요구한다. 이러한 의지는 기술 업무 뿐만 아니라 사업 비전에서도 나타난다. 최고가 되려는 의지는 실제로 '잘한다' 정도로는 참지 못한다는 것을 의미한다.

최고에 목표를 두었지만, 몇 사람은 그것을 달성하지 못할 것이 분명하다. 그러면 그들을 놓아 주든가 또는 그들이 더 잘할 수 있는 다른 업무로 옮겨 줄 필요가 있다. 그러나 작은 회사에서는 팀을 옮길 만한 여건이 충분치 않을 경우가 많다.

그럴 때에는 그 직원들의 업무를 파트타임으로 돌리고, 나머지 업무를 수행할 수 있는 다른 사람을 찾도록 하라. 만약 계약직이나 프리랜서를 채용한다면, 이 일의 수행은 한결 수월해질 것이다.

예전에 사업을 할 때 '최고가 되려면 잘하는 사람들을 놔주어라' 라고 관리자들을 설득하는 것이 매우 어렵다는 사실을 알게 되었다. 이것은 대체 자원을 찾는 데 시간과 돈이 들고, 상황이 더 악화될 수도 있을 거라는 두려움에서 기인한다.

그래서 관리자들의 반대는 이해할 만하다. 하지만 이러한 두려움에서 벗어나, 기꺼이 '잘하는 사람'을 수용하면 뜻이 확고해진다. 그러므로 진정으로 최고가 되려는 의지가 있는지에 대해 오랜 시간 동안 곰곰이 생각하라. 그리고 확신이 선다면 기꺼이 행동에 임하라.

## 오리를 독수리 학교에 보내지 말라

저조한 실적을 내는 직원들을 놔주는 대신에 대안으로 생각해 볼 수 있는 것이 종종 사내연수 같은 훈련을 시작하는 것이다. 그러나 이는 실적이 저조한 팀을 위한 훈련이 더 많이 부족하게 되는 위험에 빠진다. 이러한 일은 다시 기대 이하의 수준으로 돌아온다.

만약 직원 개개인이 훈련에 굶주려 그것을 원하고, 요구한다면, 그것은 아마도 가치 있는 성공적인 투자가 될 것이다. 하지만 그들이 요구하지 않는다면 훈련은 가치가 없는 것이다. 물론 소심한 성격의 직원들은 그러한 것을 크게 요구하지 않는다.

직원들과 정기적인 면담 시간을 가져라. 그 시간에 그들이 훈련에 대해 특별히 언급하지 않는다면, 직원들에게 유용할지라도 그들은 훈련을 원하지 않을 가능성이 많다.

여기서 중요한 점은 훈련 요청이 직원들에게서 나와야 한다는 것이다. 그렇지 않으면 (회사에서 훈련비용을 제공한다고 하더라도) 직원들 스스로가 훈련 과정을 찾도록 내버려 두어야 한다. 소질이 없는 몇몇 사람은 어떤 훈련도 최고의 역할을 수행하는 데 도움이 되지 않는다.

회사가 실적이 저조한 직원들을 강제로 훈련받도록 하는 것을 너무 흔하게 봐 왔다. 그보다는 다른 업무에서 그들의 재능이 제 역할을 하도록 하는 것이 더 쉽고 빠르다.  실적이 저조한 오리들을 독수리 학교에 보내는 것을 절대적으로 피하라.

## '고기 잡는 법을 가르쳐라'라는 오류에 빠지지 말라

'물고기 한 마리를 주면 하루 양식을 주는 것이고, 물고기 잡는 법을 가르쳐 주면 평생 동안 양식을 주는 것이다'라는 속담이 있다.

하지만 이것은 기업 훈련에서는 근거 없는 믿음이다. 직원은 본인이 배가 고플 때만 물고기를 잡는다. 훈련과 지식이 그들에게 전해졌을지라도 스스로가 배고프지 않으면 그것을 가지고 아무 일도 하지 않을 것이다.

그리고 만약 직원들이 고기 맛만 좋아한다면 어떻게 될까? 고기 잡는 법을 가르친다는 것은 다음과 같은 경우에만 효과가 있다.

- 배고플 때
- 물고기를 좋아할 때
- 물고기 잡는 법을 배우고 싶을 때

그러니 원하지 않는 사람들에게 시간과 훈련을 낭비하지 말라.

## rule.42
## 부서(팀) 실적을 측정하라

모든 대기업에는 위대한 부서(팀)가 있고, 그 부서는 지속적인 관심을 받으며 발전한다. 그러한 부서를 관리하고 발전시키는 방법이 무엇인지 눈을 돌려 보자.

대부분의 현장직원이 관리자에게 보고할 때, 사업가는 관리자의 실력이 좋은지 나쁜지를 어떻게 알 수 있을까?

그 대답은 관리자가 부서(팀)의 KPI를 어떻게 수행하고, 부서(팀)원 평가를 어떤 식으로 관리하느냐에 따라 달려 있다고 할 수 있다.

### 평가와 KPI는 무엇인가?

모든 평가는 구체적인 목표를 달성할 수 있는 그 부서(팀) 구성원 능력의 양적, 질적인 측정(즉 개인적인 검증뿐만 아니라 수치에 기반을 둔)에 기초한다. 이러한 측정들은 그들의 KPI, 즉 핵심 성과 지표에 불리하게 작용되어진다.

부서(팀)원은 보통 3가지의 KPI를 갖는다(고위간부들은 여기에 3가지를 더해 총 6가지를 갖게 된다). 그러나 처음 3가지가 가장 중요하고, 두 번째 3가지는 부수적인 것에 불과하다.

처음에는 단지 3가지의 KPI(당신은 더 많이 원하겠지만)를 설정하는 것이 어려울지도 모르지만, 더 큰 초점이 더 큰 성공을 가져올 것이다. 그러므로 팀원이 진정으로 중요하게 해야 할 일 3가지를 명확하게 규정할 때까지 '중요한 일들'의 목록을 계속 줄여 나가라.

이것은 팀원들과 함께할 때 가장 잘 이루어진다. 왜냐하면 팀원 스스로가 업무를 하면서 중요한 것에 대한 좋은 아이디어를 가지고 있기 때문이다.

평가는 단순히 팀원이 동의한 KPI를 수행하는지 안 하는지를 평가하는 공식적인 방법일 뿐이다. 공식적인 방법은 그 목표들을 검토하고, 실적을 확인하거나 새로운 목표를 설정하기 위해 설문지 형태를 이용한다는 것을 의미한다.

메모들은 기록되어 회사와 팀원, 양측의 동의를 받는다. 그리고 나서 그것들은 다음 실적 검토나 평가 때까지 저장된다.

이러한 과정이 익숙해지면 빠르고 쉽게 사정될 수 있는 명확하게 측정 가능한 일련의 3가지 KPI와 명확한 견본을 설정하는 것이 중요하다.

---

## 절대로 직원이나 팀 평가를 빼먹지 말라

|

프리랜서와 계약직 직원들 위주로 구성된 부서(팀)이라 하더라도

그들에 대한 평가는 매우 중요하다. 근본적으로 적재적소에 맞는 사람이 근무하고 있는지, 그리고 여전히 그들이 최고 수준으로 그 일을 할 의지가 있는지를 확인해야 하기 때문이다.

직원이 효율적으로 관리되지 못하고 KPI를 가지고 있지 못하면 평가는 어려운 일이 된다. 그러나 프리랜서와 함께 일할 때는 훨씬 더 쉽다. 왜냐하면 이미 그와는 KPI를 계약의 일부로 설정해 놓았기 때문이다. 관리자는 합의된 KPI를 지속적으로 실천하고 있는지를 확인하기 위해 정기평가를 실시하라. 그리고 이것이 계약의 일부임을 확신시켜라.

만약 나중에 관리자가 평가를 실시할 충분한 시간이 없었다고 불평하면, 직원 관리에 실패했기 때문에 생긴 일이라고 생각하면 된다.

매달 평가가 이루어질 수 없는 이유는 없다. 직원들에게 매달 월급을 지불한다면, 그들이 약속한 것을 제대로 수행하고 있는지를 알고 싶을 것이다. 그렇지 않은가? 그러니 왜 직원마다 다르게 비용을 처리해야 하는가? 프리랜서, 에이전시 또는 거래처들과 마찬가지로, 직원들 또한 공급자들이다.

평가는 3가지의 주요한 측정 가능한 것을 기초로 한다. 그것은 장기간에 걸쳐 해야 할 목록이 아니다. 관리자로 하여금 반드시 평가가 간단하게 이루어지도록 하는 것은 직원들에게 최대한의 자유가 있다는 것을 의미한다. 그들이 성과 지표를 달성하기만 한다면, 목표 달성 방법을 획기적으로 바꿀 수 있다!

만약 관리자가 중요한 사항을 다루지 못하는 약한(또는 누락된) 평가를 한다면 다음 평가에 사업가가 직접 참여하는 것도 하나의 방안이 될 수 있다. 그 자리에서 당신은 관리자가 신속하게 중요한 문제를 찾아서 그것을 제기하고, 어떻게 다루는지를 알게 될 것이다. 그렇지 않다면 관리자를 잘못 배치하고 있는 것이다.

일부 경우에서는 3개월간의 평가를 선택할 수도 있다. 그 일이 덜 혁신적이고 더 체계적일 때 말이다. 이것은 여전히 KPI를 변화하는 기업 환경에 적응시킬 충분한 기회를 주고 있다. 또한 관리자로 하여금 정기적으로 의제를 설정/재설정하고, 부서(팀) 집중화를 실시하도록 한다.

만약 바쁘다는 이유로 KPI와 평가를 건너뛴다거나 그냥 넘어가도록 허용한다면, 그것은 관리자들에게 좋지 않을 것이다. 그들이 관리 기준을 안일하게 만들 것이기 때문이다(KPI와 평가가 없다면, 그들은 그러한 것을 인식조차도 못할 것이다). 그러면 사업 성과와 질은 떨어지기 시작할 것이다.

## 간단한 측정 방법으로 대체시키지 않는다면

|

실적 논의가 주된 역점사항이 되면서 몇몇 기업은 간단하고 보편적인 성공 측정방법 — 예를 들면 수익 — 을 이용하는 것을 보아 왔다. 이것이 제자리를 잡으려면 수익 수치가 알아야 할 모든 것을 알려 주기 때문에 평가할 필요가 없다는 사실을 고려할 수 있다.

물론 이것이 충분한 측정 의지이든 아니든 간에, 결국은 기업에 대한 개인적인 판단이 되어 버린다.

# rule.43
## 3개월은 결코 전부를 말해 주지 못한다

회사가 요구하는 기술을 가진 직원은 회사에 긍정적인 도움을 줄 수 있을 것이다. 그런데 그 직원이 열정을 잃어버렸다면? 성공에 대한 의지와 갈급함이 사라졌다면? 그렇다면 그 직원은 3개월 또는 6개월 전의 그가 아니다.

이러한 일은 생각보다 더 자주 일어난다. 그렇게 되면 정말 훌륭한 직원이 그 일을 더는 하고 싶지 않은 것 외에는 별다른 이유도 없이 초라한 실적을 내는 직원으로 변할 수 있다.

입사하고 3개월 정도면 그 직원에 대해 평가할 수 있을 거라는 획일적인 기대감이 있다. 이 때문에 이 시간이 지나고 오래되지 않아 가장 위대한 직원은 에너지가 소진되거나 지루해할 거라는 사실을 잊는 경향이 있다. 그래서 이러한 일이 생기면 그 결과에 놀라게 되고 이로 인한 대응이 늦어진다. 만약 어쨌든 대처라도 한다면 말이다. 사실상 3개월은 결코 전부를 말해 주지 못한다.

따라서 재정난에 처한 신생기업에서는 더 이상 열정이나 흥분이 없는 사람들이 설 자리가 없다는 것을 이해시키는 것이 중요하다.

## 관리자들은 그 이상 자리가 없는 역할을 찾아야 한다

만약 어떤 역할이든 3개의 명확한 KPI를 가지고 있지 않다면, 그 업무는 더 이상 존재하지 않고 아마도 없어져야 할 것이다.

만약 KPI가 명확한 기업 요구가 있고, 그것들이 충족되지 못하고 있다는 것을 증명한다면, 그 일은 현재 재직 중인 사람들이 하기에는 너무 상위 업무여서 사업 프로세서들을 깨거나 확장할 필요가 있다. 그렇지 않으면 어떤 사람도 이제 그 일을 하는 것에 아무런 동기 부여를 받지 못한다.

이러한 일은 항상 일어난다. 중요한 점은 평가를 실시하는 관리자는 이 3가지 요인 중에 어느 것을 적용하며, 그것이 구체적으로 어떤 일을 하려는 것인지를 당연히 설명할 수 있어야 한다는 것이다.

그렇지 않으면 그 문제는 관리자를 늘 따라다니게 된다.

## 관리자는 부서 실적을 관리한다

가끔 저조한 실적에 대한 해결책으로 인사 담당 이사나 훈련 전문가를 채용할 필요가 있다고 건의하는 관리자가 있을 수 있다. 이것은 단순히 또 다른 변명일 뿐이다.

관리자는 직원들을 용인되는 기술 수준까지 훈련시켜야 한다. 더 나은 기술이 필요하다면 말이다. 하지만 훈련이 도움이 되거나 생산 성과를 일부 긍정적으로 향상시킬 수는 있지만, 그것이 실적 부진에 대한 핑계는 되지 못한다.

만약 관리자가 그 역할에 숙련되어 있다면, 사업가는 그가 훈련 제안을 해 오기를 기대할 것이다. 그러나 그것이 직원에게서 나오는 계획인지를 확인하라. 그렇지 않으면 오리들을 독수리 학교에 보내는 꼴이 될 것이다.

## 관리자들은 사업 목표를 거래 조건에 따라 변경할 수 없다

사업 실적을 검토하기 위해 이사회가 소집될 것이다. 그 자리에서는 실적이 저조하게 되면 '사업 목표나 관리자를 바꾸어야 하나?'라는 예상되는 질문이 나온다. 이때는 명확하고 분명한 '아니오!'라는 대답이 필요하다.

사업 목표를 바꾸는 것은 실수다. 왜냐하면 그런 결정은 다음 달에 더 많은 사항을 변경하도록 만들기 때문이다.

사업가는 어떤 결과의 실행이 집행되지 않도록 제안할 수 있다. 궁극적으로는 그 목표가 달성되지 못하도록 행동할 필요가 있다. 그렇지 않으면 고의적으로 목표를 파기하고 다시 시작해야 한다.

목표를 바꾸도록 허용하는 것은 오직 더 많은 변경을 가져올 뿐이어서 나중에는 그 목표들이 무용지물 되고 신뢰도 잃어버린다.

# rule.45
## KPI를 확실하게 만드는 것

1, 2, 3 그리고 A, B, C 등과 같이 3가지로 생각하는 것이 더 쉽다는 것을 알게 된다. 그러므로 직무, 계약이나 대리점 업무에 관한 어떠한 중요한 개념들이 3가지 개념과 목표로 요약될 필요가 있다.

그것이 3가지의 주요한 KPI를 고수해야 이유이다. 다른 목표들을 가질 수 있지만 그것들은 부수적인 것이다.

어떤 주어진 역할에 집중하기 위해 올바른 3가지의 KPI를 골랐는지를 확인하라. 사업이 그것에 달려 있다.

3가지의 KPI 평가체계는 측정과 실행이 간단하고 쉽다. 만약 실적 관리 능력을 통해 관리자들의 책임을 추궁하고자 한다면 이것이 매우 중요하다.

## KPI 목표들을 측정 가능하게 만들어라

이것은 어떤 KPI는 심각하게 실패한다는 것이다. 이는 그 목표들이 너무 막연하게 정의되고, 그것들이 충족되느냐 안 되느냐에 관해 너무나도 많은 논쟁을 수반하기 때문이다.

그것은 시간 낭비이며, 계속해서 한계선을 바꾸는 결과를 불러온다. 내가 결정할 필요가 있는 것(그리고 자주 실패하는 것)은 다음의 두 가지다.

1. 누가 그 목표를 기록할 것인가?
2. 목표가 충족되지 않았을 때 결과가 어떻게 될 것인가?

하지만 그 목표의 성공하거나 실패했을 경우에도 측정하도록 준비하라. 그리고 두 번째로, 목표가 충족되지 못하면 행동할 준비를 하라.

만약 그 목표에 대해 동의할 수 없다면, 앞서 말한 '관리자들은 더는 존재하지 않는 역할을 찾아야 한다'(법칙 44)를 보라.

만약 명확하고 측정 가능한 세 가지 KPI를 가지고 있지 못하다면, 그 업무는 존재하지 않는다는 사실을 기억하라. 그래서 만약 어떠한 동의에도 이르지 못한다면, 그 업무를 제거하라.

그렇다면 3가지의 좋은 개인적인 목표들 및 KPI는 무엇인가?


• 모든 직원들이 KPI를 성취한다(즉 관리자들은 직원을 효율적으로 관

리해야 한다).

- 성취된 수익 목표들(이것은 팀원 비용의 요인이 될 것이다. 예를 들면 '4.5 배 비용'이 판매수익들이 변화하는 비용 기반에 관련해서 수익을 낼 수 있게 유지하는지 확인할 것이다)

- 성취된 브랜드 목표(더 튼튼한 브랜드 또는 독점 판매권은 상근직원 및 프리랜서 1인당 매출 증가 그리고/또는 증가된 이익률을 보여 준다)

사업가는 수익과 손실을 책임지는 고위 관리자들의 목표를 '판매수익'이 아닌 '이익' 또는 '이익률'로 바꾸길 기대할 것이다.

---

## 실적이 좋지 않으면 직원에게서 그 업무를 가져와라

|

실적이 저조한 직원에게서 중요한 업무를 가져와야 할 때, 그 일들을 다른 직원에게 맡기거나 또는 프리랜서 및 계약직원을 채용하거나 외부업체에 위탁할 필요가 있다.

어떤 일이 요구되는 수준에 맞게 진행되지 않으면 업무를 기꺼이 떼어 내어야 한다. 그리고 효율적으로 후속조치를 취하려면 다음과 같은 것이 선행되어야 한다.

- 상세하게 직원 각각의 능력을 파악하고 있는 관리자를 신뢰하기
- 즉각적으로 그러한 기술을 대체할 수 있는 프리랜서들과 계약직

원들을 알아 놓기

- 외부에 일을 위탁할 수 있는 지역기관, 회계 관련 회사, 판매팀, 마케팅 기관, 기술 정보 개발회사 등을 알아 놓기

## 단지 외부요인들이 변명으로 인정된다

손실된 사업 목표를 고려할 때 단지 외부요인들만이 인정된다. 개인적인 상황이나 불행한 사건들이 판단을 흐리게 만들어 실수를 저질렀다고 하기가 너무나 쉽다.

이것은 흑백논리가 아니다. 그러나 중요한 점은 관리자가 '직원들은 그 일을 감당할 수 없어' 또는 '자원이 부족해'라고 말하면서 ─ 그 관리자가 예전 목표에 동의하고, 그 직원들과 자원에 동의했다면 ─ 발생한 문제를 해결하지 못했거나, 더 나아가 그것들을 해결하려고 시도조차 못했다면, 사업가인 나는 다만 변명만 해 대는 결함 있는 관리자를 데리고 있는 셈이다.

그렇다면 그 관리자에게는 다른 역할이나 다른 회사가 필요하다.

## rule.46
## 실적이 저조한 직원들은 해고한다

그 업무가 불필요한 것처럼 위장해 실적이 안 좋은 직원들을 해고하는 관행은 이미 보편화되었다.

물론 그들의 실적 문제를 가지고 해고하는 것보다는 자리를 이용해 일을 하지 않는 직원을 해고하는 편이 더 빠르다. 그러나 그것은 아직 그 자리에 남아 있는 사람들에게 그릇된 메시지를 보내게 되고, 잘못된 선례를 만들게 되는 꼴이 된다.

비록 그 시기 — 직원들의 실적이 저조할 때 — 일지라도, 허구의 불필요한 과정을 통해 직원들을 내보내려는 결정은 매우 위험한 기준을 만든다. 그러려면 차리리 저조한 실적에 대한 평가 기준을 세워 그 직원을 해고하는 것이 훨씬 더 낫다.

따라서 실적에 관한 명확한 기대감과 그것이 충족하지 못할 때에 따르는 분명한 결과를 설정하는 것이 직원에게는 훨씬 더 나은 일이다.

지름길을 선택하려고 하지 말라. 일단 그 원칙을 세웠다면, 그것을 너무 자주 반복할 필요는 없다. 실적이 저조한 직원은 그저 자신들의 의지로 떠날 테니 말이다.

# 해고해야 한다면 즉시 실행하라

실적이 저조한 직원에게 새로운 자리를 마련해 줄 것인가? 다른 일자리를 알선해 줄 수 있는가? 그렇지 않다면, 지금 바로 행동이 필요하다.

신속하지 못한 행동을 합리화시켜 줄 수 있는 변명이란 존재하지 않는다. 누군가를 섣부르게 퇴사시키는 결정을 한 번도 내린 적이 없다고 말한 사람은 다름 아닌 제너럴 일렉트릭GE사의 전 회장 잭 웰치Jack Welch였다.

해고 결정을 뒤로 미루는 것은 그 해당 직원에게 더욱 치명적이다.

## 영업사원의 변명은 항상 같다

영업사원은 모든 사업에서 가장 중요한 사람들이다. 그런데 영업사원이 목표했던 매출을 결국 달성하지 못했다면 어떻게 해야 할까?

"거의 다 판 거나 마찬가지였습니다."

"……."

"이틀 정도만 더 시간을 주면 제가 목표를 달성하겠습니다."

여기서 조심해야 한다. 이런 식의 대답은 진심이 아니며, 목표를 실적으로 성실하게 증명했어야 마땅한 영업사원이 자신의 협상 능력, 능란한 처세 능력을 사업가에게 발휘하는 증거일 수 있다.

사실 목표 달성에 실패하였다는 것은 그렇게 심각한 문제가 아닐 수 있다. 보다 심각한 문제는 그들이 정직하지 않고, 실패한 사실에 대해서 솔직하게 털어놓지 않는다는 점, 그리고 고객에게 상품을 판매하는 일은 등한시한 채, 걱정할 필요가 없다는 등의 이유를 늘어놓으며 (의심할 여지없이 훌륭한 그들의) 영업 능력을 사업가를 상대로 발휘하고 있다는 사실이다. 노련한 영업사원이라면, 이런 행동은 옳지 않다. 그리고 그들도 이것을 알아야 한다.

사업가는 적어도 이 시점에서는 그들이 늘어놓는 '다음 달 판매 전망'에는 귀 기울이지 않을 정도로 현명해야 한다. 월말 매출을 최대한 정확하게 예측하기 위해서는 월초부터 중반까지의 판매 수치를 토대로 판단하는 것부터 시작해야 한다. 월말이 되어서도 여전히 격차가 존재한다면, 더 강력한 조치를 취하여야 한다.

많은 사업가들의 경우, 흔히 세일즈 경력을 가지고 있기 때문에 이런 과정이 매우 자연스러울 것이다. 하지만 기업 경영에서 성공하고자 한다면, 이와 같은 해묵은 오류를 하루빨리 극복해야만 한다.

## 원 스트라이크, 투 스트라이크, 그리고 삼진 아웃

성장 중인 기업의 사업가는 당연히 책임을 져야 한다. 물론 다른 사람이 그 책임을 맡는다면, 그가 그것을 이행해야 한다. 그는 사업 경험이 없기 때문에 사업가에게 조언을 구할 수도 있다. 그러나 그에게 책임을 맡기는 그날부터 사업가는 삼진아웃 정책을 운용한다는 것을 분명하게 보여 주는 것이 중요하다.

이러한 정책은 그에게 잘못을 제대로 수정해서 다시 반복되기 전에 그 일을 망칠 수 있는 두 번의 기회를 준다는 의미이다.

만약 세 번째 같은 실수를 한다면 책임을 지워서 보내라(상황에 따라 그것은 그에게 나가도록 하는 것을 뜻한다).

# 많은 질문들을 이용하라

'매출 좀 올렸나요?'라는 질문은 영업사원을 절망에 빠뜨린다. 그렇다면 어떻게 직원들의 사기를 꺾지 않고 실적을 달성하게 할 수 있을까? 아래와 같은 질문을 해 보라.

- 오늘 한 일 중 가장 잘한 것은 무엇인가?
- 이번 주의 가장 좋은 결과는 무엇인가?
- 누가 실적 우수상을 받을 것인가?

왜 이러한 질문들일까? 왜냐하면 공개적으로 질문함으로써 영업사원에게 칭찬할 만한 것을 찾아야 하기 때문이다.

만일 실적이 저조하고 성과가 부실하다면, 그를 사무실로 불러서 사적인 대화를 시도하라. 그 시간에는 "오늘 판매 좀 했나?"라고 묻지 말라. 대신 "오늘 가장 잘한 것에 대해 이야기해 보세요"라고 말하라.

요즈음은 대부분의 사무실이 넓게 트이게 설계되어 있으므로 긍정적인 답을 얻고 싶으면 긍정적으로 질문할 필요가 있다.

## rule.49
# 업무를 불필요하게 만드는 직원을 승진시켜라

좋은 실적에 대해 격려하는 중요한 방법은 업무를 불필요하게 만드는 직원들을 승진키는 것이다. 즉 그들이 그 일처리 과정을 많이 향상시켜 왔기에 해야 할 일이 그다지 남아 있지 않다는 것이다. 이러한 사람은 회사 내에서 더 많은 책임을 감당할 자격이 있다.

사업가는 자신들의 업무를 불필요하게 만드는 사람들을 격려하고 싶을 것이다. 또한 직원들이 업무에 매달리지 않길 원한다. 직원들은 자신들의 현재 업무에 대한 필요성를 제거하는 것을 통해 승진의 기쁨을 맛볼 것이다.

이것이 진정으로 혁신적이고 기업다운 기업으로 만드는 데 도움이 될 것이다.

# rule.50
## 100% 경영 지지자를 찾아라

마키아벨리는 이 점을 가장 명확하게 보았다. 그는 사람들 — 사업가들에게는 고객들, 프리랜서들, 팀원들, 거래업자들, 경쟁자들이다 — 은 내 편 아니면 그 반대라고 말했다.

특히 고위 간부들 중에서 CEO의 후원을 받을 수 없는 사람은 자신들의 입장을 '네 편도 아니고 반대편도 아닌, 중립적 위치'를 택함으로써 분명하고 합리적으로 보호받기를 바랄 것이다. 하지만 이러한 일을 허용한다는 것은 중대한 실수다.

이런 사람은 항상 CEO에게 반대하는 입장을 취하지만, 실제로는 자신의 입장을 마지못해 선언하는 정치 놀음을 한다. 그 간부는 또한 자신의 입장을 강화할 수 있도록 정보망을 가동하고자 노력할 것이다. 어떤 간부라도 그러한 방식을 취하는 것은 비겁한 자리에 서는 것이다.

사업가의 역할은 이런 간부로 하여금 분명하게 반대 입장을 이야기하든지 또는 찬성 입장을 택하도록 강요하는 것이다. 그리고 간부가 찬성하는 입장으로 움직인다면, 그의 행동이 말과 일치되는지를

주시하라. 그리고 이것과 관련된 명확하고 특정한 업무와 목표를 설
정하라.

중립적 입장은 반대 입장으로 바뀔 가능성이 많다. 그래서 반대 입
장처럼 다루어야 한다. 이러한 사람은 결단을 내릴 때까지 중요한 회
의, 사업 결정 또는 기업 정보로부터 배제시키는 것이 현명한 조치일
것이다.

# rule.51
## 직원의 성과를 보고 그 사람을 파악하라

사무직으로 일해 본 적이 있다면 해머를 휘두르거나 1t의 건초더미를 들어 올려서가 아니라 말을 잘한다는 이유로 채용된 사람들로 둘러싸였을 것이다.

오늘날의 채용 과정은 그 일을 할 수 있는 능력보다는 말을 잘해서 자신이 하고 있는 일을 잘 알고 있다는 것을 상대방에게 설득할 수 있는 능력을 시험한다.

다만 연구에 의하면 면접만으로 사람을 채용하는 경우, 14%만이 최고의 인재를 구하는 데 성공한다. 그러므로 번지르르한 말에 빠지게 될 위험(그리고 비용)이 있다는 것을 잊지 말라.

정말로 일하는 사람들을 찾으려면 사무실 안을 삥 둘러보아라. 그들이야말로 소중하게 여겨야 할 사람들이다. 하루를 마감할 때에 직원들은 말이 아니고 행한 것으로 평가받을 것이다. 사업에서 현금이 고갈되면 말은 더 이상 중요하지 않다.

# 공식 회의를 없애라

말이 아닌 성과에 초점을 맞추기 위해서는 안락한 의자가 있는 테이블에서 이루어지는 회의를 그만두어라. 대신에 사무실에 서서 질문하라. 업무 중에 생생한 질문이 더해져서 누가 무엇을 하고 있는지 알아내는 방법이다.

이러한 실천을 활성화시키는 가장 간단한 방법은 회의실 문을 반쯤 닫거나 애초에 회의실을 갖지 않는 것이다.

# rule.53
## 팀이 주인공이다

사업가들은 종종 끝까지 영웅을 찾는다. 부서(팀) 내의 누군가가 일을 제법 잘한다면, 그를 영웅으로 만들려고 할 것이다. 왜냐하면 그에게 책임의 일부를 떠넘길 수 있기 때문이다.

무슨 말을 하는지 알겠는가? 하지만 그건 실수다. 기업에서 영웅은 결코 한 사람이 아니고, 부서(팀)다. 한 사람으로는 회사를 만들 수도, 무너뜨릴 수도 없다. 중요한 것은 부서(팀)에서 일어나는 일이다.

적합한 사람을 찾는 일, 중간에 포기하는 사람들을 대체시키는 일, 그리고 부서(팀)를 구성하고 올바른 방향으로 가도록 유지시키는 일은 시간과 인내심이 필요하다.

한 사람의 영웅을 찾는 일은 부서(팀)의 가치를 떨어뜨리고 격려를 주기보다는 많은 사람을 괴롭힐 수 있다.

## 부서(팀)가 개별적인 보상을 선택하도록 하라

최고의 직원에게 개별적인 보상을 주고 싶으면 부서(팀)원들 스스로 수상자를 선정하도록 하라. 어쨌든 경영진은 어떤 말이든지 하지 않도록 하라.

이런 방법으로 하면 사업가는 직원들이 원하는 것을 존중하게 되고, 직원들은 관리자들에 의해 평가를 받는다고 느끼게 된다.

만약 그 부서(팀)의 실적이 좋다면 사업가는 존경심을 갖고 직원들을 대하기 시작할 것이다.

# rule.54
## 도움을 받을 수 있는 현명한 두뇌를 보유하라

신생기업은 새로운 사업파트너나 직원과 사업을 나눌 필요가 있다고 생각한다. 하지만 이것이 조심스럽게 관리된다면 의미가 있지만, 일반적으로 신생기업일 때는 — 특히 사업가가 젊을수록 — 속을 위험이 있다. 수익 배분 협약이 너무 광범위하고, 결과에 기반을 두고 있지 않을 수 있기 때문이다.

더 심각한 실수는 단지 그곳에 있다는 이유만으로 모든 사람과 스톡옵션을 공유하거나 그들에게 공평하게 나누어 주는 것이다.

이러한 자유 재량권에 대한 해결책은 노련하고 현명한 사람, 이를테면 회장을 가까이 두는 것이다. 그는 사업가가 거절하기 어려운 몇 가지 사안에 대해 '노No'라고 말할 수 있다.

사업가가 기꺼이 회장의 말에 귀를 기울이는 모습을 보이면 이것은 좋은 효과가 있을 것이다. 또한 "난 하고 싶은데 회장님이 안 된다고 하네요"라고 말할 수도 있다.

# 장기간의 가치 창조를 보상하라

계약직 직원 또는 상근직 직원과 일하든지 간에(이에 대한 내 조언을 알고 있지만, 여전히 기존 직원을 데리고 있을지도 모른다) 보너스 조항을 넣어야 한다. 보너스 조항은 직원의 실적이나 평가를 시작하는 KPI와 일치해야 하고, 사업 안에서는 장기간의 가치 창조value creation에 연결되어야 한다.

그러나 계약직 직원이나 프리랜서는 지속적으로 일감을 받거나 다른 일에 대한 소개 그 자체를 보너스로 본다. 분명히 상근직 직원들은 그 일을 (또는 자신들의 일을 계속하는 것) 보너스로 생각하지 않지만, 이런 보너스를 받는 프리랜서와 계약직 직원들은 자신들이 하는 일에 훨씬 더 고마워하며 이로 인해 함께 일하기가 더 쉬워진다.

그래서 보너스를 꼭 현금으로 줄 필요는 없다. 성과를 보상하는 방법은 많다. 돈은 그러한 방법 중 한 가지일 뿐이다. 오히려 동기를 부여하고 보상하는 일이 훨씬 더 어렵다. 그리고 사업가는 효과가 있는 (즉 타당한 결과에 대한 보상, 그러나 너무 복잡하지 않게) 보너스 구조를 구성할 필요가 있다.

## 장기 계약에 보너스를 주겠다는 약속은 하지 말라

|

보너스 구조에 장기간 계약이 포함되기를 원하는 것은 직원들로서는 당연하다. 그러나 사업가는 이러한 조항을 피해야 한다. 설령 지금은 효과가 있더라도 1~3년 또는 5년이 지나면 그것을 잃을지도 모르기 때문이다.

시장, 거시경제 환경, 사업 규모, 그리고 직원들 모두가 근본적으로 변화해 왔다. 그러므로 보너스 구조 또한 변화할 필요가 있다.

채용할 당시에 이 점을 모든 직원에게 명확하게 알려야 이후에 보너스 구조가 변하더라도 실망감과 분노가 생기지 않는다.

보너스 구조를 연장하는 것은 연말에 해야 한다. 그 시점이래야 구조를 바꾸거나 없애고 대체시킬 권리를 유지하기 때문이다.

그리고 또한 분명하고 공개적으로 어떠한 보너스 구조도 최종 만료일을 가지고 있으며, 갱신되거나 대체되지 않을 수도 있다고 알려 주어야 한다.


## 보너스에 대한 사업 가치의 근거 발견하기

|

보너스와 인간 행동의 관련성에 무지한 사업가들은 종종 보너스를 적용할 잘못된 근거를 선택해 예기치 못한 행동을 얻곤 한다.

보통 젊은 사업가들은 매출이나 판매액을 보너스의 근거로 삼을 것이다. 하지만 이것은 영업팀을 약화시키거나 단지 목표 달성을 목적으로 한 상상 판매를 부추길 위험이 있다.

보너스를 구성하는 가장 좋은 방법은 그 사업이 가장 훌륭한 결과로 여기는 것과 일을 더디게 하는 것이 각각 무엇인지를 알아내는 것이다. 만약 최상의 결과를 낸 원인이 무엇인지를 알아낼 수 없다면 그것이 명확해질 때까지 보너스 구조를 운영하지 말라.

앞에서 살펴본 것과 같이, 최상의 결과는 이익률과 지속 가능성의 성장이다. 직원은 이기지만 회사는 지는 보너스 구조를 만들지 말아야 한다. 여기에서 회사에 이익을 주지 못하거나 손해를 입히는 일을 하는 개인들에게도 월급을 지급한다는 사실을 알게 된다.

손해를 주는 보너스에 해당하는 예는 아마 조기에 끝나는 프로젝트에 참여하는 사람에게 주는 보상일 것이다. 이것은 아주 좋게 보이지만, 아마도 업무 일정이 변경되고 간소화되었기 때문에 그 프로젝트가 일찍 끝나지 않았을까? 더 걱정스러운 것은, 직원이 프로젝트를 끝내기 위해 급히 그 일에 뛰어들어 대충 업무를 처리해 놓고는 자신의 보너스를 챙겨 갈 수도 있다는 것이다.

더 나은 형태의 보너스는 단순히 기술 프로젝트의 신속한 수행이 아니라 그 프로젝트 시험 및 수용 단계(그것이 짧더라도)의 연장을 근거로 부서(팀)원들에게 보상해 주는 것이다.

또 다른 예는, 반복 판매를 달성하는 직원에게 보상해 주는 일일 것이다. 이것은 고객이 두 번째로 구매하고, 보너스 보상이 — 장기적으로 회사 가치를 더해 주는 — 수준 높은 고객을 데려오는 결과에 대한 것임을 확신시킬 때 효과가 나타난다.

## 순수 판매에 대해 무제한의 보너스를 지급하라

|

이 부분은 영업사원에게만 적용해야 하며, 또한 전체 직원 중에 영업사원이 차지하는 비율이 80% 또는 90% 미만인 사업체에는 적용되어서는 안 된다.

이러한 충고를 어긴다면 맡은 일의 성격상 사업가가 정한 산정 방식을 따를 수 밖에 없는 직원들 사이에서는 당연히 분노만 양산될 뿐이다.

간단히 말해서 이것은 순전히 매출, 보다 구체적으로는 주 단위 또는 월 단위를 기준으로 반복 매출을 발생시킨 것에 대해 지급하는 무제한의 보너스이다. 나 같은 경우에는 '영업사원에게는 반복 구매 고객로부터 발생한 매출의 1%를 보너스로 제공한다'라는 문구를 근로계약서에 삽입한다.

이렇게 하면 영업사원이 담당하는 고객의 반복 구매로 관심을 돌리게 되고, 이런 과정을 통해서 회사는 반복 구매를 유지할 수 있게 된다.

이러한 구조에서는 보너스를 산정하는 기준액이 확대되기까지 더 오랜 시간이 소요되지만, 대신에 상대적으로 지속적인 노력에 대해 더 잘 보상할 수 있다. 이런 구조를 통해서 사업가에게 유익한, 반복 구매에 초점을 맞춘 사업체를 운영할 수 있다.

이것이 작동하는 이유는 균등하게 분배된 보수와 보상에 비하여 이 방법이 훨씬 더 효과적으로 동기를 유발시켜 주기 때문이다. 직원들이 이러한 사실을 알고 있는 한, 그들도 보다 높은 급여를 받을 수 있다(그리고 직원들이 보다 많은 급여를 받을 수 있는 보상 체계가 구축되었음이 증명된다). 짓궂게 들릴지는 모르지만 영업부는 분명 전체 부서(팀)원들 사이에 균분된 보너스보다는 놀라운 실적 덕분에 자신의 연봉보다 4배를 더 받는 다른 직원을 지켜봄으로써 훨씬 더 강한 자극을 받게 될 것이다.

이 말은 어떤 직원에게는 과다한 보너스를 지급하고 다른 직원에게는 과소하게 지급하는 분위기를 만들라고 하는 것이 아니다.

적절하게 고안하고 올바르게 홍보한다면 이 방법은 영업부의 실적을 최대한으로 이끌어 낼 수 있는 유연하고 유용한 방법이다. 탁월한 실적을 올린 핵심 인물에게 보상하고, 계속해서 실적이 나올 때에 한해서 보상이 지급된다는 점을 분명하게 고지하여 모든 직원들이 한층 높은 수준의 성과를 달성할 수 있는 방법을 두 눈으로 직접 확인할 수 있어야 한다.

이것이 무제한 보너스 구조 체계의 장점이다. 소수의 직원들이 거액의 상여금을 받을 수 있도록 함으로써 보다 많은 급여를 원하는 나머지 직원들에게 동기를 부여한다.

그런데 이러한 보너스 구조에서는 일반적으로 신속한 보너스 지급이 반드시 필요하다. 그래야 직원들이 성공할 수 있는 동등한 기회를 갖게 된다고 믿는다. 그런 까닭에 단순히 매출만을 계산해 보너스를 지급한다는 위험이 수반되기도 한다.

이로 인해 실제로는 매출이 발생하지 않았는 데도 미리 산정한다거나 아니면 정해진 마감일 이전에 예약을 통해 승인되지 않은 할인을 고객에게 제공하는 식의 모험을 감수해야 하는 경우가 발생한다.

## 보너스 산정 기준으로
## 이익을 이용해야 할 때와 매출을 이용해야 할 때

이익율 감소에 직면한 사업체는 어려움에 처한 상황이기 때문에, 적어도 해당 사업체의 경우에는 매출이 아닌 수익이 보너스 결정에 있어서 보다 바람직한 기준이 된다.

그러나 월 단위로 수익을 계산하는 것이 사실상 불가능하기 때문에, 영업사원들에게 제공될 보너스를 산정하는 효과적인 기준이 될 수 없다. 이런 방식으로는 그들에게 동기부여가 되지 않는다.

이런 방식을 적용하게 되면 매출에 대한 책임은 일선의 영업사원들이 지는 한편, 영업이사는 수익에 관심을 집중하게 된다. 결국 보너스를 이용하여 매출을 책임지는 직원과 수익을 책임지는 직원을 구분해 놓는 셈이다.

이런 방법은 훌륭한 구조이지만, 다만 수익에 대한 책임을 영업이사에게 양도하고자 하는 의지가 있는지에 대한 확인이 필요하다. 덧붙여, 영업이사가 그것을 담당할 역량을 가지고 있는지도 확인해야 한다. 마지막으로, 수익 증감에 대한 책임을 영업이사에게 부담시킬 수 없거나 그러고 싶지 않다면(또는 그러한 시도가 실패하여 그런 책임을 되돌려 받아야 한다면) 그것에 대한 책임은 직원이 아닌 사업가 자신이 직접 부담해야 한다는 사실을 인지하는 것이 중요하다.

부서(팀)는 지속적으로 비용을 증가시키고, 수익을 감소시킬 것이기 때문에(아마도 파격 할인을 통해서), 사업가는 균형을 유지하면서 수익이 그대로 유지될 수 있도록 경계하여야 한다.

이 문제를 해결하는 한 가지 방법은 전체 판매액을 감안하여 정가의 90% (또는 합의된 다른 퍼센티지) 이상으로만 판매하도록 하는 것이다. 따라서 영업사원이 10% 이상의 할인을 요청하는 경우에는 자신의 보너스 기준액에 포함되지 않을 것이라는 점이 분명하게 이해된다면 할인 판매가 급속하게 감소할 것이다.

마찬가지로 영업사원의 출장 경비에도 최고한도를 정하고, 그 한도를 초과하는 경우 보너스에서 차감하는 방법을 채택할 수도 있다.

## 영업사원만은 개별적인 판매수익 보너스를 받는다

몇몇 보너스는 개별 실적에 따라서 이루어진다. 이러한 것들은 영업사원만을 위한 보너스가 될 수 있다. 이것은 현장을 뛰어다니는 영업사원에게 자극을 줄 수 있는 가장 효과적인 방법이다.

마찬가지로 영업 관리자가 직원의 판매수익에 대한 실적을 유지하고 매달 실적 1등을 차지한 직원을 포상하도록 하면 모든 직원들에게 강력한 자극제가 된다. 또한 그것은 영업사원들끼리 스스로 서로 비교하고 측정할 수 있게 한다.

이것이 중요한 점이다. 위대한 영업사원들은 자연스럽게 경쟁하고 이로 인해 최고 위치에 오르기를 원할 것이다.

그러니 영업사원 명단과 판매량이 기록된 알림판을 부착하라. 보너스 구조를 설정해 놓고, 이것을 공개적으로 보상하지 못하는 것은 중대한 실수다.

## 영업사원이 아닌 직원은 팀 보너스를 받아야 한다

|

그러나 사업가가 직접적이고 즉각적인 매출에 영향력을 끼치는 역할에서 멀어질 때, 개별적인 보너스가 무의미해지고 더 나아가 정신을 혼란스럽게 할 수 있다.

이러한 일은 그것들이 보너스 획득에 어떻게 영향을 끼칠 수 있는지를 직원들에게 명확하게 알리지 않을 때 일어난다.

그럴 때는 개별적인 보너스의 지급을 멈추어야 한다. 대신에 보너스를 부서(팀)에 반영할 필요가 있다. 이것이 부서(팀)원 간에 협동을 이끌어 낼 것이기 때문이다.


## 보너스는 팀 중의 팀이 될 수 있다

|

부서(팀)에서 받는 보너스는 직원들이 함께 견인하는 데 도움을 준다. 이것은 특히 위치상 서로 떨어져 있는 부서(팀)에게 더 도움이 된다. 그것은 특정한 문제를 다루는 데 사용될 수 있거나 모든 사람의 연봉에 중요한 부분이 될 수 있다.

경쟁하거나 적대적인 팀들에 강제로 그들이 서로 의존해 함께 힘을 합치도록 동일한 보너스 구조와 목표를 부여할 수도 있다.

그러한 부서(팀) 보너스는 분명하게 부서별이나 회사 전반의 실적에 기반을 두어야 한다. 이것이 또 다른 혜택을 지니고 있다.

## 존 루이스 모형

|

존 루이스 파트너십John Lewis Partnership(영국 최대의 백화점 — 슈
퍼마켓 체인 — 역자 주)과 같은 회사는 모든 직원과 수익을 나누는 데
아주 독특한 방식을 만들어 냈다.

이런 방식은 존 루이스에서는 잘 작용된다. 그것이 그 회사의 설립
원칙이었고, 수십 년에 걸쳐 그리고 많은 노력으로 그것의 존재와 혜
택이 모든 직원들에게 잘 알려져 왔기 때문이다.

그러한 약속은 시간이 지나면서 부서(팀)에 엄청난 힘을 가지게 될
것이다. 특히 사업을 두드러지게 할 거라는 점에서 말이다.

그러나 신생기업들은 이러한 종류의 보너스 구조가 정착되기 전
까지는 순조롭게 시작하지 못할 것이다. 그러므로 초기의 수익 발생
이전 단계에는 적합하지 않을 것이다.

사업가가 부서(팀) 참여에 대한 중요한 원칙을 선택하지 않는다면,
그의 권한 내에서 통제 부족과 같이 그것과 관련된 모든 종류의 새
로운 위험을 지니게 된다.

## rule.56
## 보너스를 경계하라?

그러나 또 다른 관점이 있다. 그것은 보너스 효과가 전혀 없고 사업에서 어떤 위치도 차지하지 못한다는 것이다.

만약 사업을 업계 최고로 만들 의지가 있다면 직원의 개인 실적을 면밀히 관리하고, 그 실적이 만족스럽지 못하면 그 직원과 신속하게 결별하기만 하면 된다.

이상적인 세계에서는 이것이 완벽한 해결책이다. 그러나 그것이 효과를 나타내기 위해서는 사업가는 빠르고 쉽게 직원이 회사를 나가도록 하는 능력을 가질 필요가 있다. 이것은 프리랜서와 계약직 직원으로 이루어진 구조, 또는 적어도 심각하게 복잡하거나 비용을 들이지 않고도 직원을 해고할 수 있는 구조에 해당될 것이다. 그러한 구조에서는 그 일에 대한 비용만 지불하면 된다.

사업의 초기 단계에서는 이처럼 간단하게 보너스가 없는 방식이 가장 좋다. 그러나 많은 사업가들이 저지르는 실수는, 사업의 어떤 단계에서 맞는 것이 나중 단계에서는 적합하지 않다는 것을 잊는 것이다. 절대로 이것을 잊지 말라.

# 수익 공유 보너스를 이용하라

보너스의 근거로 수익을 이용하는 것은 처리하기가 어렵다. 왜냐하면 계좌에 대해 어느 정도 세부적으로 부서(팀)원 모두에게 설명해야 하지만, 몇 사람은 이것을 이해하지 못하거나 계산을 믿지 못하기 때문이다. 그래서 이러한 보너스의 가치는 어떤 종류의 부서(팀)를 가지고 있느냐에 달려 있다.

만약 대체로 고급교육을 받은 부서(팀)원들이 있는 화이트칼라 사업이라면, 이러한 폭넓은 지식은 좋은 것이다. 부서(팀)가 완전히 부정적이지 않다면, 보너스의 근거로 수익을 이용하는 것은 좋은 생각인 셈이다. 하지만 기계를 움직이는 비율이 높은 사업구조를 가지고 있다면, 수익 기반 보너스로는 직원들이 개인적인 연관성을 많이 느끼지 못할 것이다.

중요한 점은 회사 전반에 걸쳐 수익에 영향을 끼칠 수 있는 개인의 능력은 제한되기 때문에, 이러한 보너스의 규모가 전체적인 일괄계약에 따라 적정 수준으로 배치될 필요가 있다는 것이다.

수익 공유 보너스 구조의 가장 큰 장점은 그것들이 사업의 판매 가치를 설정하는 데 도움이 된다는 점이다(왜냐하면 사업 가치는 현재 및 미래 수익성을 측정하는 것이기 때문이다).

이제는, 여전히 어렵게 번 수익을 내 줄 가치가 있는지에 대한 문제가 남는다. 이것은 다만 횡재를 나누는 것인가, 또는 보너스 구조가 더 큰 노력과 성공이 공정하게 보상받는 것을 확인시켜 주는 것인가? 수익을 나누는 것은 주식 소유자들에게 돌아가야 할 현금을 대신 직원들에게 지불하는 것이다. 이 사실을 반드시 기억하라. 왜 주주들이 이러한 사항에 동의하겠는가?

주주들은 보너스가 사업의 수익 발생과 관련되어 있다면 당연히 동의할 것이다. 그 보상으로 기업의 가치가 상승하기 때문이다. 그런 이유로 주주들이 중단기적으로 더 높은 매각가액을 기대하는 것이다.

(주주들이 실제로 이익률에 관심을 가지고 있다는 것을 기억하면서) 만약 이익률에 보너스를 묶을 수 있다면, 사업가는 훨씬 더 긴밀하게 주주, 직원, 그리고 사업의 이익을 함께 묶게 되는 것이다. 마지막으로 수익(또는 이익률) 증가를 기반으로 하는 경우에는 수익을 나누도록 주주들을 설득하기가 더 쉬울 것이다.

이익률에 기반을 두는 보너스는 대화하기가 훨씬 더 어려울 것이다. 그러나 일단 배당금이 계산되면 사업가는 부서(팀)원들에게 내년에는 또 다른 보너스를 지급하겠다고 장담함으로써 놀라게 할 것이고, 대신에 이익률을 증가시키는 방법이 담긴 훨씬 더 많은 업무 약속을 부서(팀)로부터 받게 될 것이다.

# 이익의 일부를 임원 배당금으로 지불하라

주주 배당금의 일정 비율을 보너스로 지급하는 구조는 많은 이점을 가지고 있다. 이 방법은 사업 전체에 긍정적인 분위기를 조성하며 회사에서 오래 일하기로 결정한 구성원들에게 이익을 줄 것이기 때문이다.

그러나 오랜 기간 일한 경력 직원들이 예전만큼 가치가 있는지는 더 이상 분명하지 않으며, 기업이 성장하는 데 그것이 꼭 필요한 요소인 것 같지는 않다.

따라서 '현시점'의 사업에서 이러한 방법이 효과가 있으려면, 사업가는 그 이익 중 최소한의 분량 ― 약 25% 내지 35% ― 을 투입할 필요가 있다.

이러한 방법을 통해 현재 고위 간부들은 연간 이익이 클 때 더 많은 수당을 기대할 수 있다고 확신하게 된다. 참고로, 그들의 수당은 주주들이 받는 것에 비례한다.

## 배당금 증가에 따른 보너스

훌륭한 사업 성과를 장려하기 위한 깔끔한 방법 중 하나는 고위 간부들에게 배당금 증가분의 일정 비율을 지불하는 것이다. 즉 만약 배당금이 20만 파운드 증가한다면, 그 증가분의 30%를 그들에게 주는 식이다.

당연히 그다음 해에도 배당금 수당을 받으려면 배당금이 20만 파운드를 넘어야 하며, 따라서 큰 보너스를 다시 받기 위해서 간부들은 사업을 성장시킬 필요가 있기 때문에 배당금과 재투자를 위한 새로운 현금 가치를 최대화하기 위해 노력하게 된다.

이 방법은 또한 간부들을 사업의 진짜 성과 — 주주들의 회수율(또는 배당금) — 와 연결시킴으로써 그들에게 주식이나 스톡옵션을 지급할 필요가 없게 만든다.

# rule.59
## 두 개의 계좌를 관리하라

은행에 두 개의 사업용 계좌를 만들어라. 한 계좌는 일상적인 사업용 계좌이고, 다른 한 계좌는 투자용 계좌이다.

아이디어에 투자하려면 투자용 계좌에서 돈을 지불할 수 있는 경우에만 그렇게 해야 하며, 그 아이디어는 그 돈을 필요로 하는 다른 아이디어와 경쟁할 필요가 있다.

이러한 구조는 수익 보너스를 관리하는 데도 도움이 된다. 현금 중 고정된 비율(예를 들어 33%)은 매년 투자용 계좌로 이체하며, 나머지 67%는 주주들에게 배당한다고 미리 약정하는 것은 수익 보너스 문제들을 빠르게 해결하는 방법이다. 즉 이용할 자금의 양이 얼마이며 누가 그것을 결정하는가를 알 수 있다.

또한 사업이 성장하는 데 이용 가능한 투자 자금이 있다는 것을 보여 주며, 이는 미래에 수익성을 만들어 내는 데 도움이 된다.

당연히 사업이 상당한 압력을 받을 때는 이사회가 할당량을 바꿀 권리를 갖는다. 하지만 이 권리는 시장이 안정되면 다시 원래 값으로 되돌려지는 임시적인 것이어야 한다.

# rule.60
## 실패 전에 자만심이 나타난다

우쭐한 자만심은 사업에 문제를 만들고, 신뢰를 급격하게 잃게 하는 전형적인 조짐이다. 만약 허름한 건물에서 도시 한가운데 유리로 된 고층 빌딩으로 이사하는 회사의 주식을 갖고 있다면, 주식 전부를 당장 팔아야 한다.

실패 전의 자만심은 성공적인 사업의 심각한 위험요소이다. 비싼 자동차, 불필요한 출장, 값비싼 연수 제도 등의 조짐을 숨길 수 없게 된다.

2008년 9월 금융위기 때 미국 정부가 AIG에 긴급 구제 자금 850억 달러를 지원하기 불과 며칠 전에, 이사들이 브레인스토밍을 빙자한 수백만 달러짜리 주말 골프 여행을 보냈던 것을 기억하는가?

특별하다는 자만심에 가득 찬 사람이 아니더라도, 몇 년 동안 계속해서 성공만을 경험하고 나면 자신이 무엇을 하든 성공할 거라고 믿게 될 가능성이 있다. 그러다 보면 두 번째 사업에서는 엄청나게 많은 자금을 너무 급하게 사용할 수 있다. 또한 사업에 가해지는 심각한 시장 압력에 대해 주의를 기울이지 않을 수도 있다.

사업 실패를 경험해 보는 것의 장점은 매우 크다. 이는 자신을 겸손하게 만들며, 그런 실수들을 피하는 방법에 대해 상기하게 한다. 자신이 아직 무언가를 할 수 있는 시간이 있을 때 문제점들을 인식하게 될 가능성이 더욱 높아진다는 뜻이다.

물론 단지 값진 교훈을 얻기 위해서 일부러 실패할 필요는 없다. 따라서 사업 실패를 경험해 본 적이 있는 행운적인(?) 상황에 처한 것처럼, 자만심을 피하기 위해 할 수 있는 모든 일을 하라.

자만심은 부주의의 궁극적인 형태이므로 항상 조심하라.

# CHAPTER 04

# 나만의 브랜드를 가져라

# 문제를 피하기 위해
# 사업을 다각화하지 말라

사업 운영에 문제가 생기면 전형적으로 다각화에 대해서 생각하기 시작한다. 이것은 좋은 아이디어처럼 들리지만, 사실은 문제를 키우는 것이다. 여러 가지 측면에서 이는 국내에서 문제가 생긴 정치 지도자가 외교 정책에 관심을 갖게 됨으로써 양쪽 모두가 엉망이 되어 버리는 상황과 비슷하다.

다각화는 시장의 움직임을 따라가는 것과 같지 않다. 그것은 전혀 경험해 보지 않은 새로운 시장에서 아주 획기적인 제품을 만들어 내려는 시도이다. 사업이 손실을 보고 있다면 이건 매우 위험한 전략이다. 무엇보다 새로운 시장에서 가격 결정력과 수요를 둘러싼 첫 번째 싸움에서 정확해야 할 필요가 있기 때문이며(실패하면 두 번째 시도를 하기 위한 현금이 없을 것이다), 둘째로 이 모든 일이 고정된 시간 프레임 안에서 일어나야 하기 때문이다. 즉 핵심 사업이 망가지기 전에 말이다. 따라서 다각화는 종종 재앙이 될 수 있다.

다각화가 정말 손해가 되는 또 다른 경우는 핵심 사업이 성숙해져서 경영진들이 몰두할 수 있는 보다 흥미진진한 일을 찾고 있을 때이다. 이러한 경향은 큰 회사에서 자주 나타나지만, 문제의 근원은 같다. 회사를 키우려는 욕망이 경영진들에게 반영되었기 때문이다.

사업의 질은 이익률로 측정된다는 것을 기억해야 한다. 따라서 만약 다각화 노력이 이익율을 감소시킬 것으로 예측된다면, 그것은 매우 나쁜 아이디어일 가능성이 높다. 이것이 성숙한 회사가 축소되거나 성장하지 않는 시장을 받아들이고 이익률에 집중하는 이유이다.

만약 수익이 좋다면, 주주나 경영진에게 수익 배당금을 지불할 수 있다. 그리고 만약 주주들이 원한다면, 그들의 돈 중 일부를 새로운 사업에 투자할 수 있다. 이러면 한 사업체의 실적이 다른 사업체의 그것을 떨어뜨리지 않게 된다. 어떤 경우에는 한 그룹 안에서 이렇게 경영될 수도 있다.

그 사이에 사업가는 핵심 사업으로 돌아가 확실한 이익률을 가지고 그 규모를 축소하도록 하라. 문제에 처한 사업은 설익은 새로운 아이디어를 뒤쫓는 것보다 핵심 경영자들이 왜 성과를 내지 못하는지 검토하는 데 시간을 보냄으로써 나아질 수 있다. 또한 다각화에 대한 욕망이 단순히 기존 사업의 역량에 대한 불신 때문이라는 사실을 알게 된다면, 기존 사업을 끝내는 것을 고려해야 할 시점일 수 있다.

## 새로운 다각화 사업은 새로운 법적 실체로 만들어라

|

어떻게 사업을 정리하기로 결심했는지와는 거의 상관없이, 새로운 다각화 제품 또는 서비스는 새로운 회사에서 보유해야 한다.

더 많은 설립 비용과 연관되기 때문에 기회가 충분히 강력할 때만 그렇게 할 가치가 있다. 고맙게도 그 기회가 그만한 가치가 있는지, 기존의 사업 자본을 가지고 했던 일에 거슬리는 위험과 보상 사이에 균형을 맞추도록 강요할 것이다.

또한 현금을 주주들에게 돌려줄 수도 있다는 사실을 잊지 말라. 모든 주주들이 새로운 사업에 대해 한마음이 아닐 것이며, 그럴 경우에는 새로운 사업에 투자하고자 하는 주주들하고만 같이 해야 한다.

어느 쪽이든 새로운 법적 실체가 제대로 된 다각화를 가능하게 할 것이다.

## 더 빨리 놓아라

　젊은 사업가가 하는 전형적인 실수는 그보다 사업 운영을 더 잘할 수 있는 사람이 없기 때문에 일을 놓지 않는 것이다. 만약 이러한 상황이라면 현실을 직시할 때이다.

　진짜 사업가라면 놀랄 정도로 넓은 분야의 일들을 잘할 수 있을 것이다. 아마 제품을 팔거나 광고할 수도 있을 것이다. 기회를 파악하고 틈새시장을 발견할 수도 있을 것이다. 사업가는 이 모든 일을 잘한다. 그러나 아마 어느 것에서도 훌륭하다는 평가는 받지 못할 것이다.

　사업가 혼자서 너무 많은 역할을 맡는 것은 큰 실수다. 왜 그럴까?

　많은 사람들은 꾸준한 시도와 실패, 그리고 연습을 통해서 무언가에 숙달하게 된다. 만약 사업가인 내가 다른 사람들에게 그런 기회를 주지 않는다면 조직을 방해하는 것이다.

　사업이 일단 성장하기 시작하면 사업가의 역할이 변해야 하며, 다음 단계로 넘어가야 한다. 모든 미래의 일은 다른 사람들(직원, 프리랜서, 에이전시 등)을 통해 이루어질 것이며, 따라서 사업가는 일하는 데 전문가가 되기보다 다른 사람들을 통해 일을 진행하는 데 전문가가 되어야 한다.

만약 큰 사업체를 일구고 싶다면 이를 피할 수 없으니, 더 빨리 놓고 위임하는 법을 배워라.

# 다른 사람들에게 일을 시도해 보게 하라

10년 전의 자신을 돌아보아라. 그때는 갖지 못했는데 그동안 얻은 기량이 있는가? 어떻게 그런 기량을 얻었는가? 어떤 분야에서 특별히 강하다면, 그 기량은 어떻게 배웠는가?

아마 마케팅이나 영업 또는 기술 개발에 적성을 갖고 있었을 수도 있지만 그 위대한 기량은 일들을 시도해 볼 수 있는 자유를 가졌기 때문에, 그리고 그러한 시도와 실패 덕분에 길러진 것이다.

그런데 만약 사업가인 내가 이런 기량을 발휘하는 일을 놓지 않는다면, 회사의 직원들은 자신들이 현재 갖고 있는 기량을 더 발전시키지 못할 것이며, 나를 앞지르거나 나보다 나아진 것 역시 보지 못할 것이다. 그게 바로 사업가가 직원들에게 하도록 해야 할 일이다.

사업가는 일을 놓아야 하며, 다른 직원들이 자랄 수 있도록 허락해야 한다. 당연히 쉬운 일들이 엉망이 되는 것을 본다면 분개할 수 있을 것이다. 그게 스트라이크 하나, 스트라이크 둘, 스트라이크 셋, 그리고 삼진아웃 접근법(법칙 47 참고)이 필요한 이유이다.

# 과대 광고 요소를 제거하라

요즘은 거의 모든 기업이 사명 선언문을 통해 높은 수준의 도덕성을 보유한다고 주장한다. 이런 사명 선언문은 흔히 홈페이지의 '회사 소개' 코너에 수록된다. 하지만 이것은 과장 광고이기에 기업에서는 이런 허접쓰레기 같은 요소를 제거해야 한다.

물론 우리 기업이 매우 높은 수준의 정직성을 보유하고, 도덕적인 조직이라는 점이 사실일 수도 있다. 하지만 이러한 문구를 지나치게 빈번하게 사용하면 그 가치가 훼손된다. 그러니 이런 틀에 박힌 표현을 사용하는 것은 바람직하지 않다.

그보다는 이런 문구가 의미하는 바가 무엇인지 더욱 명확하게 진술할 필요가 있다. 예를 들어, '폐사는 일련의 품질 관리 및 반품 정책을 통해서 100% 고객 만족을 실현합니다' 같이 구체적으로 표현하는 편이 바람직하다.

한편으로는 윤리적인 태도를 지지할 권리가 있다는 주장을 펴는 의미에서 사용할 수도 있다.

최근에 '윤리적인 서비스'를 제공하는 업체라고 주장하는 한 기업의 사업 제안서를 검토한 적이 있었다. 빽빽하게 채워진 64페이지 분량의 제안서에서 '윤리적'이라는 단어를 총 26번 사용하였지만, 그 어디에서도 이 말이 무엇을 의미하는지에 대한 설명은 찾을 수 없었다. 또한 그들이 말하는 윤리적 서비스라는 것이 다른 서비스, 말하자면 비윤리적 서비스와 어떻게 다른지에 관한 설명도 없었다.

나중에 이 기업 주요 후원자 중의 한 명이 로스앤젤레스의 전직 포르노 왕이라는 말을 전해 들었다. 이미 짐작할 수 있듯이, 그 후로 나는 '윤리적'이라는 말이 정확하게 무엇을 의미하는지에 대한 설명을 찾으려고 더 이상 애쓰지 않았다.

그러니 상세한 설명이 부연되지 않는다면(그렇다 하더라도 나라면 그저 이 설명만을 말하겠지만) '도덕성' 또는 '윤리적'이라는 틀에 박힌 표현은 삼가는 것이 최선이다. 이런 표현은 무의미하고 점점 더 많은 사람들이 그런 사실을 인지하고 있기 때문이다. 포르노 왕의 회사에 '윤리적'인 것이 도대체 무슨 소용이란 말인가.

## 사업 비전과 회사 사명 사이의 차이점을 이해하라

|

아하! 여기 속임수가 있다. 실제로 내가 사업을 할 때에는 이 두 가지 개념 사이에 뚜렷한 차이가 없었다. 많은 경우에 그 둘은 같은 것이다. 교재에서 어떻게 이야기하든 간에, 이 용어들은 명확한 정의 없이 널리 사용되고 있다.

나에게 어느 하나 또는 둘 다 필요한가? 사업이 무엇에 관한 것인지, 그게 무엇을 지지하는지(사업 비전)를 알아야 하며, 그러한 메시지는 표현할 수 있어야 한다(사명). 따라서 당신은 둘 모두를 함께 동시에 필요로 한다.

서로 다른 청중(투자자, 직원, 고객, 거래처)에게 메시지를 조절하는 게 적절할 수 있다. 어떤 경우에는 사업 비전은 직원과, 사명은 고객과 공유된다. 그러나 비록 청중에게 각각 개별적으로 적용되더라도 본질적으로 같은 메시지여야 한다.

# 강력한 브랜드를 만들어라

이익률을 유지하는 능력은 사업 브랜드가 얼마나 강력한 것인지에 달려 있다. 사업은 누구나 따라 할 수 있지만 브랜드는 결코 어느 누구도 따라 할 수 없기 때문이다.

따라서 회사의 브랜드는 이미지 이상이다. 그것은 사람들이 한 회사의 사업 또는 제품들에 대해 갖고 있는 감정과 관계의 총합으로 볼 수 있다. '사람들people'이라는 단어를 사용한 이유는 고객, 거래처, 직원 중 어느 사람에 대해서도 해당되기 때문이다. 경쟁업체 역시 고려해야 할 그룹이다.

이들 각각은 우리 회사의 브랜드와 다른 관계를 맺고 있다. 단지 그중 한 사람에게 좋은 인상을 남긴다고 해서 다른 사람에게도 똑같이 통용되지는 않는다. 즉 프라이마크Primark는 현존 고객들에게는 저렴한 의류 제품을 파는 훌륭한 브랜드로 알려져 있지만, 잠재 고객 중 일부에게는 이 브랜드가 저임금을 통한 착취와 연관되어 있다.

프라이마크는 그 공장의 작업 환경에 대한 정보를 공개하고 회사가 가난한 나라의 사람들을 어떻게 돕고 있는지를 보여 줌으로써 이 문제를 다루었다. 이미 그곳에서 물건을 사는 것에 만족하는 사람들에게는 중요하지 않은 것들을 다루는 이러한 대응 방식은 그렇지 않았던 사람들에게 효과적이었다. 브랜드 이미지의 시작이 모든 사람을 대상으로 할 필요는 없다.

브랜드에서 중요한 점은 그것이 가격에 프리미엄을 붙일 수 있도록 한다는 것이다. 잘 알려진 브랜드 이름을 갖고 있는 시리얼과 자체 라벨을 갖고 있는 고기능 제품을 비교해 보자. 아마 제품의 질에는 큰 차이가 없겠지만, 전자의 경우에 더 높은 가격을 책정할 수 있다.  이것은 단지 원가의 몇 페니 차이에 불과하더라도 그 브랜드가 두 배의 수익을 얻는다는 것을 의미한다.

사업의 가치는 (주주들에게 지불할 수 있는) 수익에 따라 달라진다는 것을 상기해 보면, 브랜드 가치에 의해 이익률을 늘리는 것은 사업의 가치를 높이는 것이다. 따라서 브랜드는 진정한, 그리고 직접적인 사업 가치를 정말로 갖고 있다.

또한 브랜드가 납품업체들에게 미치는 영향을 잊기 쉽다. 하지만 그들 역시 회사 브랜드에 대해 신경을 쓴다. 그리고 브랜드의 질은 우호적인 사업부서를 꾸리는 데 도움이 된다.

내가 이코노미스트 그룹 — 같은 이름의 잡지 발행사 — 에서 일할 때, 납품업체들은 그들의 고객 목록에 『이코노미스트The Economist』지를 넣기 위해 늘 우리와 일하고 싶어 했다.

비록 사업체는 세계적인 출판 사업에서 비교적 작은 편에 속했지만, 우리는 거래를 협상할 수 있었고 새로운 미디어 기술에 다른 그룹들보다 먼저 접근할 수 있었다.

그러므로 브랜드에 대한 투자는 사업에서 장기 수익성에 대한 투자로 다루어라. 즉각적인 수익을 제공하진 않지만 다른 방법으로는 가능하지 않을 방식으로 제품에 보다 높은 가격을 책정할 수 있도록 할 뿐 아니라, 납품업체들과 더 유리한 거래를 할 수 있도록 해 줄 것이다. 이 둘이 보다 높은 이익률의 완전한 핵심이다. 또한 가장 재능 있는 인재가 우리 회사를 위해 일하고 싶어 한다는 사실을 발견하게 될 것이다.

# 회사 브랜드와 지적 재산을 보호하라

특허와 상표 등록을 통해 지적 재산을 보호해야 하며, 위반 행위에 맞서 싸울 전략을 만들어야 한다. 위반에는 두 단계가 있다. 작은 규모의 위반은 보통 누군가가 비슷하게 발음되는 도메인 이름을 설정하는 것이고, 큰 규모의 위반은 사업에 대한 직접적인 공격이다.

## 작은 규모의 위반

작은 규모의 지적 재산권 침해 수준은 현재 심각하다. 주로 인터넷 때문이다. 따라서 이러한 문제를 다루는 기계적이고 효과적인 방법이 필요하다. 법률회사에 의뢰해 위반자에게 중단(즉 그들이 하고 있는 일을 멈추라는)을 요구하는 표준적인 메일들을 시리즈로 작성해 달라고 요청하라. 적절히 수정하여 보낼 수 있도록 준비된 이런 메일들을 갖고 있음으로써, 법무팀은 한 달에 하루나 이틀을 사용해 효율적으로 회사 브랜드를 보호할 수 있고, 대부분의 경우 그 침해에 의한 피해를 최소화한다.

예전에 매우 성공적인 '자산의 비밀들Property Secrets'이라는 자산 투자 관련 웹사이트를 운영한 적이 있었는데, 어떤 친구가 '자산 투자의 비밀들Property Investment Secrets'이라는 이름으로 책을 내고 판매함으로써 내 권리를 침해당한 적이 있다. 그는 명백히 내 웹사이트와 관련 있는 것처럼 포장하고 있었다.

결국 몇 통의 메일을 보낸 끝에 향후 웹사이트에서 내 콘텐츠를 모방하지 않도록 경고했다. 그 결과, 문제가 되는 그 웹사이트 도메인을 제거하지는 않았으나 활동을 상당히 축소시킬 수 있었으며, 그가 발생시킨 피해를 제한할 수 있었다. 모든 것이 몇 통의 표준적인 메일에 의해서였다.

## 큰 규모의 위반

|

큰 규모의 위반은 직원이 회사의 고객 데이터베이스를 훔치거나 누군가가 특허 제품의 디자인을 모방하는 것 같은 예들을 들 수 있다. 이런 경우에는 사업에 대한 재정적인 피해가 상당할 수 있으며, 그에 따라 엄격하게 지적 재산권을 방어할 필요가 생길 것이다.

법원은 회사의 지적 재산을 침해한 사람에 의해 야기된 재정적 피해에 대해 조사할 것이고, 만약 유죄로 판결되면, 그들은 회사에서 주장한 수준의 피해를 보상해야만 할 것이다.

이런 경우의 고전적인 예로는 미국의 기술 회사인 NTP의 조치가 있다. NTP는 RIM의 블랙베리 휴대전화의 토대가 된 원천기술을 자신들이 갖고 있다고 주장했다. 몇 년의 법정 소송 끝에 6억 1,250만 달러의 손해배상액이 판결되었다.

강한 브랜드를 갖고 있는 성공적인 회사는 그 브랜드를 침해하려는 사기꾼들로부터 더 큰 이익을 끌어낸다. 따라서 회사가 더욱 성장할수록 사업을 보호하기 위해 더 열심히 일할 필요가 있다.

사업을 보호하는 능력은 처음에 상표와 특허를 얼마나 잘 설정해 두었는지에 달려 있다. 따라서 사업을 시작하기 전에, 그리고 어떤 브랜드 이름에 투자하고 노력을 기울일지 정해지면 반드시 상표법 전문 변호사와 이야기해 보라.

# rule.67
## 제품 = 브랜드 = 제품 = 브랜드

긴 밧줄 하나를 상상해 보라. 한쪽 끝에는 회사의 제품 또는 서비스가 있으며, 다른 쪽 끝에는 회사 브랜드 이미지가 있다. 만약 그것들을 서로 다른 방향으로 잡아당긴다면, 회사는 아무 곳에도 가지 못하거나 심지어는 밧줄이 끊어질 것이다.

비록 브랜드가 한쪽 끝에 있고, 제품 또는 서비스가 다른 쪽에 있더라도 그것들은 하나의 밧줄이다. 따라서 한쪽 끝에 있는 브랜드에 불을 붙이면, 그 불은 빠르게 제품과 서비스로 옮겨 갈 것이다. 마찬가지로 제품과 서비스 밧줄 쪽의 끝을 물에 담그면, 축축한 기운은 천천히 브랜드까지 퍼질 것이다.

이처럼 이 두 가지 — 브랜드와 제품 또는 서비스 — 는 나누어질 수 없지만, 동시에 구별되는 것이기도 하다. 다른 쪽이 일을 주관한다는 생각으로 한쪽을 무시하지 말라.

세계 최고의 제품이라도 브랜드가 매력적이지 않으면 실패한다. 가장 멋진 브랜드도 제품이나 서비스가 형편없으면 소용없다.

# 코드, 내용, 프로세서의 소유권을 분명히 하라

사업은 새로운 아이디어, 웹사이트의 코드와 독점적인 기술, 법적으로 회사 기밀이라고 알려진 다양한 사업 프로세서들을 생산해 낼 것이다. 동시에 기업들은 고객이나 거래업체에게 아이디어를 제공하고 그것을 공유하고자 점차 더 많은 정보를 출판(블로그 등을 통해)한다.

여기서 중요한 점은 그 모든 내용이 사업에 속한다는 것이다. 이는 그 내용에 기여한 제3자가 그러한 권리에 대한 이익을 얻지 못한 경우에도(예를 들어 토론회에 대한 포스팅 또는 회사 블로그나 회사 관련 기사에 대한 반응), 그 내용 사용에 관한 권리를 포함한다.

지적 재산에 대한 권리를 명백하게 설정하는 일과, 비록 작업을 위해 적절한 사용 권한을 허가하는 경우에도 — 즉 프리랜서가 일을 하기 위해 회사의 기술 코드를 사용하는 경우 — 그에게 계속해서 사용할 권리를 주는 것이 아님을 명백히 하는 것이 중요하다.

## 고객을 가져라

브랜드와 직원들 중에 누가 고객과 중요한 관계를 맺고 있을까? 만약 브랜드에 충성스러운 고객이라면, 직원이 오거나 떠나더라도 그대로 남아 있을 것이다. 그런데 만약 특정 구성원, 이를테면 디자이너에 대한 고객의 충성도가 브랜드보다 훨씬 강하다면 그 직원이 떠날 때 고객들도 따라갈 것이다. 이는 은행 업무나 법률 서비스 같은 높은 수준의 서비스를 제공하는 업체들이 겪는 문제이다.

직원을 높게 평가하는 고객이 있다는 것은 어떤 점에서는 분명히 좋다고 할 수 있다. 이는 그 직원이 놀랄 만큼 잘하고 있다는 것을 의미하기 때문이다. 그러나 그것은 한편으로는 회사 브랜드가 적정 수준보다 약하다는 것을 의미한다. 그래서 어느 경우든지, 브랜드 이미지를 올릴 필요가 있다.

이 경우에는 브랜드 마케팅 에이전시를 통해 직원들과 고객의 관계를 지원할 수 있는 방안을 찾아볼 수 있다. 또한 왜 고객들이 우리 회사와 긴 시간 동안 함께하는 것이 좋은지를 분명히 할 수 있는, 강하고 독특한 브랜드를 만들 방법을 찾아볼 수도 있다.

# 정기적으로 브랜드의 초점을 다시 맞춰라

강력한 브랜드는 고객들에게 종종 무언가를 특별히 잘한 결과로 나타나는 것들이다. 회사 브랜드는 몇 년에 걸친 사업의 부침 속에서도 수익과 이윤을 짜내기 위한 시도들 끝에 아마 다양한 분야에 걸쳐져 있고, 각각의 사람들에게 서로 다른 것들을 의미할 가능성이 크다.

공황 상태에 빠지지 말라. 이는 사업에 문제가 있다는 것을 의미하지 않는다. 정말로 강한 브랜드는 모두 이런 과정을 거쳤다. 이것은 종종 단순히 시장이 무엇이며 무엇이 아닌지 다시 한 번 명확히 할 때가 된 것뿐이다. 사실 사업의 힘을 길렀다는 것을 발견한 이 단계에서 에너지를 투입하는 것이 초기부터 시장 범위를 축소시키는 것보다 나을 수 있다.

이러한 방법으로 이제야 회사는 직접적으로 수익을 창출하지 않는 마케팅, 즉 브랜드 마케팅 비율을 늘리기 시작했기 때문에 돈을 낭비하지 않게 된다. 그리고 회사 브랜드가 틈새시장에서 강해짐에 따라 다른 회사가 모방하기가 더 어려워지거나 또는 신규로 개척한 시장에 들어오는 데 너무 많은 비용이 든다.

# rule.71
## 불평과 해결을 측정하라

고객들에게 브랜드 가치를 유지하는 것이 기업의 명백한 핵심이다. 그중에서도 중요한 부분은 회사가 고객들의 불만을 어떻게 다루는가 하는 것이다.

회사가 얼마나 이 일을 잘하고 있는지 측정하는 방법은 반직관적일 수 있다. 적은 수의 불만이 있어도 만족하는 고객들과 잘 보호되고 있는 브랜드를 동일시하는 현상은 시간이 지남에 따라 빠져들기 쉬운 상당히 큰 오류이다.

불만의 양은 사업마다 다를 수 있지만, 그 숫자보다 해결된 건을 측정하는 것이 회사 브랜드가 어떻게 되고 있는지를 보여 주는 훨씬 좋은 지표가 될 수 있다.  20개의 불만 중 18개를 해결하는 것이, 4개의 불만 중 아무것도 해결하지 않는 것보다 낫다.

첫 번째 상황, 즉 20개의 불만 중에 18개의 해결한다는 것은 회사가 고객의 불만을 해결하는 데 매우 뛰어나다는 사실뿐만 아니라 덜 명백하지만 똑같이 중요한 결론을 제시한다. 비록 어떤 문제들을 갖고 있더라도, 고객들이 생각하는 바를 회사에 말하는 것을 잘 장려하고 있으며, 고객들은 자신들이 갖고 있는 어떤 문제라도 회사가 해결할 수 있다는 믿음을 갖고 있다는 것이다. 이는 고객들이 회사와 보다 친근하고 존중할 만한 관계를 맺고 있다는 것을 뜻한다. 회사가 불만 18개를 해결했다는 것은 또한 남은 2개도 곧 해결될 가능성이 높다는 것을 암시한다.

반면에 4개의 불만 중 아무것도 해결되지 않은 두 번째 상황은 회사가 고객의 불만을 전혀 해결하지 않고 있다는 것뿐만 아니라, 비록 그 숫자가 적어 보이더라도 회사가 그것을 시작하려고도 하지 않았음을 제시한다. 따라서 지금 시점에서는 4명보다 훨씬 많은 고객이 회사와 문제가 있을 수 있으며, 단지 그들이 너무 환멸을 느껴서 연락하려고 애쓰지 않는 것뿐일 수도 있다.

그들은 다른 사람들에게 그 점에 대해서 알리지만, 사업가를 걱정시키지는 않는다. 웹사이트 포럼, 다른 고객들, 가족과 친구들 — 그리고 그다음엔 그들의 친구들 — 은 곧 왜 그들이 우리 회사와 관련 맺으면 안 되는지 그 모든 이유를 알게 된다. 물론 4개의 불만과 4개의 해결이 이상적이다! 그러나 알다시피 중요한 부분은 해결된 숫자이다.

# 탁월함을 유지하기 위해 새장을 흔들어라

사업 만족도의 징표는 수익이 있다는 것이다. 만약 수익이 건전하다면 (사업 부분에서 어떤 이윤이 적정하든 간에) 직원들의 사기는 높고 그들과의 관계도 효율적일 가능성이 높다.

그러나 여기가 실수가 기어 들어올 수 있는 부분이다. 일단 만족하고 나면, 직원들을 탁월한 경지로 이끌고 밀어붙이려는 시도는 이론적일 수 있다. 이때의 기술은 한편으로는 정당하고 도움이 되는 만족감을 유지하는 반면, 이미 성취한 것에 안주하지 말고 다음 목표를 향해 밀어붙이라는 것이다.

다른 말로 하자면 이렇다. 사업의 리더로서 사업가의 역할은 새장을 흔드는 것이다. 하지만 한꺼번에 전부를 뒤집지는 말라. 직원들에게 그들이 행동을 시작할 만한 무언가를 계속 공급해야 한다. 이런 균형을 유지하는 것이 성장 중인 사업 핵심의 탁월성에 초점을 맞추도록 할 것이다.

필자는 굉장히 성공한 사업가가 사무실에 나타나서는 직원들에게 예상치 못한 새로운 사업 아이디어를 던져 주고, 그게 해결될 때까지 일주일 내내 그곳에 머물러 있는 것을 본 적이 있다. 모든 역할과 기능에 대해 전면 검토하도록 지시함으로써 동일한 효과를 달성하는 것도 보았다. 마감일을 빡빡하게 주고는 뜻밖의 사업 런칭을 시도하는 것도 새장을 흔드는 데 똑같이 도움이 된다.

새장을 흔드는 데는 많은 방법이 있다. 각각 조금씩 다른 방법으로 하더라도, 이는 사업가가 반드시 해야 하는 일이다.

# rule.73
## 세계 최상급 사업의 원천을 알라

사업은 사업가와 직원들이 좋아하는 일을 하는 경우에만 탁월해질 수 있다. 내 경우에는 책, 온라인 미디어, 그리고 마케팅이었다. 나한테는 이 분야의 사업을 시작하는 것이 이치에 맞았다. 그래서 그것이 무엇이든 내가 열정을 갖고 있는 영역의 사업을 시작하는 것이 이치에 맞다(법칙 5를 보라).

그렇지만 평범한 사업체들은 이미 많이 있으며, 그래서 어떤 영역으로 들어가든 충분히 많은 평범한 사업체를 만나게 될 것이다.

과거에 나는 그런 곳에서 직장을 구한 적이 있었다. 나쁜 사업체들이 아니다. 무능한 사업체도 아니다. 단지 평범할 뿐이다 그들은 단순히 공회전을 하고 있다.

비록 지금은 모든 사람을 행복하게 해 줄 수 있는 충분한 돈을 벌고 있지만, 그들은 후발 회사에 금방 따라잡히기가 대단히 쉬우며, 파도라고 할 만한 것을 일으킨 적도 결코 없다.

어떤 면에서 보면 이것은 상당한 성과이지만, 다른 면에서는 사업가로서 관심을 가져야 하는 것과는 멀리 떨어져 있다. 사실 그곳은 상당히 위태로운 장소이다. 경쟁자들이 충분히 많아지면, 그것으로 끝인 것이다. 오로지 세계적 수준의 회사들만이 경쟁의 맹습과 악화된 시장의 영향에도 견딜 수 있는데, 그것은 자신들만의 독특한 무언가를 제공할 수 있기 때문이다.

다른 회사와 우리 회사를 확실히 차별화하기 위해 필요한 것은 무엇일까? 어떻게 하면 '그저 그런' 수준으로 미끄러져 들어가는 것을 피할 수 있을 것인가?

그러려면 일단 사업가로서 사업에 대해 더 큰 관점을 가질 필요가 있다. 그리고 스스로에게 물어보아야 한다. 어떤 것이 이러한 자산으로 무장한 이 사람들에게 세계 수준의 일을 하게 할 수 있을까?

바로 대답하지 못할 수도 있다. 하지만 답이 명확해질 때까지 이 질문을 계속 던져야 한다. 그때쯤이면 이미 그 일을 하고 있는 자신을 발견하게 될 것이다. 그렇지 않다면 필요한 변화를 만들어라.

이는 어떤 직무의 재정비, 한 분야 또는 특정한 분야에 초점을 맞추는 일, 또는 그 밖의 일을 수반할 수도 있다. 그러나 너무 늦기 전에 그것을 판별하고 적용하라.

## rule.74
## 사업의 경제적인 엔진이 무엇인지 알라

사업이란 수익에 의존하며, 그보다 더 중요하게는 이익률에 의존한다. 이익률을 증가시킬 수 있는 요소는 무엇인가? 다른 말로 하자면, 무엇이 내 사업의 경제적인 엔진인가? 그것은 상당히 간단하거나 예상하지 못한 것일 수 있다.

나와 함께 일했던 사업 네트워크 클럽은, 약간의 연구 끝에 그들의 경제적인 엔진의 구동력은 '디지털 악수digital handshakes'라는 것을 알아냈다. 디지털 악수(웹사이트와 소셜 미디어를 통한 온라인에서의 소개)를 포함하여, 한 사건당 디지털 악수를 많이 할수록 (그리고 보다 많은 사건을 겪을수록), 그 구성원은 보다 많은 사업에서 우위를 창출해냈다. 이는 물론, 이러한 구성원들에게 인식된 네트워크 클럽의 가치를 높여서 회비를 계속 받을 수 있게 했으며, 경쟁에도 불구하고 새로운 구성원을 끌어들이고 그들의 회비와 이익률을 높은 수준으로 유지할 수 있도록 했다. 결국 디지털 악수의 횟수가 경제적 엔진의 측정치가 되었으며, 이는 사업이 전진하는지, 정체되어 있는지, 또는 후퇴할 위험이 있는지 알아보기 위한 중요한 측정 요소로 작용했다.

# 특허를 받을 수 있기 전까지<br>아이디어들은 값싸다

아이디어들을 보호하는 것은 중요하다. 하지만 증명된 아이디어들만을 보호해야 한다. 즉 실행될 수 있거나 고객들에게 구입하도록 설득할 수 있는 아이디어들 말이다.

실질적으로 증명할 수 있는 어떤 것을 갖기 전에는, 그것은 값싸고 임시적인 아이디어로 남아 있을 뿐이다. 모든 수단을 이용해 그것을 밀고 나가라. 하지만 그 목표가 아이디어를 신속하게 완성하든지 아니면 폐기하는 것이 되어야 한다. 좋든지 나쁘든지 더 빨리 아이디어들을 버릴수록, 더 신속하게 위대한 아이디어에 닿을 수 있다.

유능한 사업가라면 새로운 아이디어를, 매일 또는 매주 단위로 버릴 것이다.

## 아이디어의 도난에 대해 너무 일찍 걱정하지 말라

아이디어에 대한 특허를 아직 내지 않았다면, 사람들에게 기밀 유지 문서에 서명하라고 요구하지 말라. 누군가와 간단히 아이디어에 대해서 이야기하고 난 후라도 그가 내 아이디어를 모방할 확률은 아주 낮다. 그러니 너무 피해망상에 사로잡힐 필요는 없다.

만약 아이디어에 대해 공유하려고 한다면 다른 업계에 있는 사람들이 제공할 수 있는 매우 유용하고 가치 있는 직관의 숫자에 놀랄 것이다. 이 점이 더 중요하다. 사실 아이디어를 어떻게 묘사하고 소통하는 것이 최상인지 명확해지기 전에, 20~30명의 사람들에게 그 아이디어에 대해 이야기할 필요가 있을 것이다.

나는 나 자신을 아이디어를 벼리는 대장장이로 생각하는 것이 도움이 됨을 발견했다. 모루는 다른 사람들에 의해 제공되며, 내가 할 일은 다른 사람들과 아이디어에 대해 이야기함으로써 그 모양을 잡아가는 것이다.

벼리는 작업, 즉 열린 대화 없이는 그저 평범한 쇳조각으로 끝나 버릴 것이다. 특히 젊은 사업가들은 종종 그들의 아이디어가 도난 당할 가능성에 대해 너무 일찍부터 걱정하기 시작한다. 만약 3년간의 연구 프로젝트를 수행하여 독창적인 화학식이나 공정을 만들어 냈다면 반드시 그것에 대한 특허를 신청해야 한다.

그러나 두려움 때문에 새로울 수 있는 그 제품이나 공정을 어떻게 광고할 것인가에 대한 아이디어들까지 기밀 유지 문서로 둘러쌀 필요는 없는 것이다.

## 변호사의 지도 아래 공식을 공유하라

|

물론 핵심 공식이나 어떤 물질의 변화를 어떻게 조정하고 만들어내는지에 대한 세부사항, 또는 그 밖의 어떤 것이든, 특히 최첨단이며 쉽게 모방할 수 없는 것을 공유하기로 결정했을 때는 사람들이 기밀 유지 문서에 서명하길 원할 수 있다.

그러나 이런 단계는 누군가가 투자하거나, 나에게서 구입하기 직전에 신중한 고려의 일부로서 나타날 가능성이 높다. 그전에는 아니다! 이 시점에서 언제, 그리고 어떻게 그런 정보의 배포를 조정하는지 조언할 수 있는 변호사를 반드시 이사회에 두어야 한다.

경험 법칙에 따라 누군가와 아이디어에 대해서 이야기하는 것에 대해 변호사로부터 조언을 얻을 필요가 없다고 믿는다면, 기밀 유지 문서에 서명 받을 필요도 없을 가능성이 높다.

만약 조언을 구해야 되는지 확신할 수 없다면, 아래의 '고소할 것인가?' 테스트를 이용하라.


## 아이디어 보호의 합법성

|

먼저 특허를 얻을 때는 다른 사람이 이미 등록하지 않았는지 자세히 검토해야 한다. 키프리스(www.kipris.or.kr) 같은 사이트에서 특허 정보에 대해 검색할 수 있으며, 그 이후에는 결과를 특허 전문 변호사나 변리사와 의논해야 한다. 보통 첫 번째 상담은 무료다.

특허에 더해 브랜드 이름을 보호하고 싶을 수 있다. 이 경우 상표를 등록할 필요가 있다. 우리나라에서 상표를 보호받으려면 우리나라 상표법에서 규정하는 절차에 따라 상표 등록을 해야 하고, 외국에서 상표를 보호받으려면 해당 국가의 법과 절차에 따라 상표를 등록해야 한다.

이를 '해외상표출원시스템'이라고 부르는데, 상표를 보호받기 원하는 국가에 따라서 이용할 수 있는 해외상표출원시스템이 다르다. 따라서 대상국에 따른 가능한 해외상표출원시스템이 무엇인지 알아보고, 그중에서 어떤 시스템이 목적에 부합하는지를 고려해야 한다.

대부분 사업의 열쇠는 브랜드를 위한 이름의 닷컴(.com) 도메인을 신속히 차지하는 것이다. 대부분의 선진국에서 실질적 소유는 법적 소유 못지않게 인정되며, 이러한 경향은 개발도상국에서 더욱 강하다. 따라서 신속히 도메인 이름을 등록하는 것이 현명하다.

도메인 이름을 등록하자마자, 특히 웹사이트에 하나의 게시물이라도 올린다면, 누구보다 먼저 그 이름에 대한 권리를 주장할 수 있게 된다. 따라서 브랜드를 위한 닷컴 도메인을 소유하고 있고, 그 웹사이트를 이용하고 있다는 간단한 사실이 기록으로 남는 권리를 늦지 않게 만들어 주는 것이다. 이것이 브랜드 상표에 대한 내 주장의 첫 번째 부분을 형성하게 될 것이다.

더 많은 도움이 필요한가? 그러면 변리사나 변호사를 끌어들이는 것이 가장 좋다. 다만 그가 특허, 상표, 지적 재산의 전문가인지 확인하라.

## '고소할 것인가?' 테스트

아직도 아이디어에 대해 일반적인 용어로 대화하는 것에 대해 보다 열려 있어야 하는지 확신할 수 없는가? 그렇다면 좋다. 가방에서 기밀 유지 문서를 꺼내야 할지 결정하기 전에 스스로에게 물어보라. 내가 이 문제에 대해서 고소해야 할까? 만약 그렇지 않다면 그 종이는 아무런 법적 보호도 제공하지 못한다.

아직도 확신하지 못하는가? 변호사에게 고소하는 것이 어느 정도 쉬운 일인지 물어보라. 비용이 얼마이고 승산의 확실한 정도가 어떻게 되는지 물어보라.

재판에서 승소하기 위해서는 본질적으로 내 재정적인 손실을 증명할 수 있어야 한다. 그렇게 할 수 있는가? 만약 할 수 있다면, 그 손실은 법적 요금의 비용을 상쇄할 정도로 충분히 커서 법적 소송에 들어가는 노력을 가치 있게 하는가?

만약 그렇지 않다면, 내 노력을 덜고, 다른 정말로 좋은 아이디어들로 돌아가고, 도메인 이름을 늦지 않게 구입했는지 확실히 하라.

# 회사 가까이에 살아라

사업가는 해안가에서 살 수 없다. 사업가로서 사무실 안에서 생활할 필요가 있다. 말하자면 회사 근처에 살아야 한다는 것이다. 사무실, 매장, 공장, 또는 그 밖의 사업이 차지하고 있는 장소에서 시간을 보내는 것이 불편하게 느껴지지 않을 정도로 충분히 가까워야 한다.

모든 일이 잘 진행된다면, 항상 사무실에 있을 필요는 없을 것이다. 그러나 만약 문제가 생긴다면 사업가는 사람들의 눈을 보면서 누가 진실을 말하고 누가 그러지 않는지, 누가 스스로와 나를 속이고 있는지 판단할 수 있어야 한다.

전화 회의conference call는 많은 문제에 대해 신속하게 해결할 수 있는 훌륭한 회의 형태다. 특히 많은 직원이 사무실 밖에서 근무하는 회사라면 그렇다.

그러나 정말로 큰 결정을 내리기 위해서는 예전에 그랬던 것처럼 '온도를 잴' 필요가 있으며, 본능에 의해 실행해야 한다. 이런 일은 엑셀을 바라보거나 직원들에게 전화로 물어보는 것으로 해결할 수 없다.

그러므로 사업가는 단순히 회사에 있을 필요가 있다. 이것은 직감에 따른 결정을 내리는 것과 관련되어 있으며, 그 결정을 바르게 내리는 최적의 기회를 자신에게 주는 것이다.

## 부패를 찾아내고 나쁜 관행을 멈추어라

|

목수라면 누구나 일단 나무토막이 썩기 시작하면, 그 부분을 살리는 것이 매우 어렵다고 말할 것이다. 사업도 그와 같다.

사업을 잠식하기 전에 부패를 찾아내는 것은 사업가로서 미리 인지하고 초점을 맞추어야 할 일이다.

만약 이 문제에 약간 편집증적인 증세를 보인다면, 사업가는 올바른 강조점을 갖고 있을 가능성이 높다. 이것이 사업가가 사무실 안에서 살아야 하는 이유다.

## 모든 고용과 계약은 사업장 지역을 기반으로 하라

|

요즘의 스마트한 환경에서는 재택근무나 원거리 근무 등이 활발하다. 실제로 직원들이 자기 집에서, 또 회사에서 일할 수도 있다.

하지만 적어도 직원들은 쉽게 모일 수 있는 지역 안에서 거주하는 것이 좋다. 그래야 언제든 다양한 능력을 가진 여러 직원이 머리를 맞대고 어려운 문제들을 해결할 수 있는 자리를 쉽게 만들 수 있다.

## rule.77
## 평판 리스크를 기억하라

어떤 일을 하지 않는 주된 이유는 평판 리스크reputaton risk 때문이다. 예를 들어 영업사원은 '대형 거래Big Deal'병에 걸릴 수 있다.

이 병은 영업사원들이 대형 거래에 너무 흥분해서 그에 관련된 위험, 즉 회사의 핵심 직원들의 주의를 분산시키고 일에 참여하지 못하는 경우에 끼칠 수 있는 위험을 보지 못할 때 또는 더 나쁜 경우에는 계약이 성사되었으나 기존 고객에 대해 회사의 평판을 해치지 않고는 그것을 수행할 수 없는 때에 일어난다. 그러면 신규 고객이나 기존 고객 둘 중 하나에게 회사의 평판을 해치게 된다. 이게 훌륭한 일일까?

이는 빅딜을 하면 안 된다는 뜻은 아니다. 단지 거래가 잘못될 경우의 비용을 고려해 보아야 한다는 의미이다. 서명을 하기 전이거나, (더 나쁜 경우) 서명을 하고 난 후에라도 말이다.

만약 불리한 조항을 조율해야 할 정도로 거래 규모가 엄청나게 크거나 충분한 대비책을 갖고 있다면, 그건 보장된 거래이다. 실수는 그런 대형 거래가 사업의 모든 문제를 단숨에 해결할 거라고 상상할 때 나타난다. 하지만 실제로는 어떤 거래도 그런 경우가 거의 없다.

만약 "XYZ 거래를 성사시키기만 한다면 우리는 괜찮을 것이다"라고 생각하고 있는 영업사원을 발견한다면, 그는 아마도 회사 평판을 걸고 거대한 도박을 감행하고 있는 것이다.

어떤 경우, 신규 투자를 위해 새로운 사업체를 만드는 것이 이치에 맞을 수 있다. 만약 신규 투자를 기존 회사의 계열사가 아닌 새로운 사업체에서 진행할 수 있다면 그렇게 할 수 있다.


## 만약 잘못되면 비용이 얼마나 드는지 알라

사업가들이 언제나 "이게 잘못되면 비용이 얼마나 들까?"라고 물어보는 것은 아니다. 이것은 어떤 일이 걱정할 필요가 있는지 측정할 수 있는 가장 간단한 방법일 뿐이다. 만약 사업의 현재 크기에 비해 그 비용이 더 든다면, 그것은 위험도가 높은 사업이다. 만약 사업이 훨씬 커서 사업에 비해 비용이 사소한 정도라면 그것에 대해 걱정하지 말라.

어떤 사업가들은 "내가 걸리면 벌금은 얼마나 내야 하지?"라고 묻기도 한다. 여기서 문제는 그 사업이 점차 늘어나는 높은 관리 비용을 부담해야 한다는 것이며, 가끔은 위험을 무릅쓰고 벌금을 무는 것이 더 쉽고 값싼 길일 수 있다. 의심스럽지만, 가끔은 이해할 만하다. 그것이 회사 평판에 막대한 비용을 지불하게 하지 않는 동안은 말이다.

# 문서 형태로 남겨라

직원, 프리랜서, 거래업체, 고객 또는 경쟁업체 등 누구든지 구두를 통한 계약은 안 된다. 반드시 계약서를 통해야 한다.

공식적인 법적 계약서 이전에 양자의 의도를 명확히 기술한 '협정서heads of agreement'나 최소한의 편지 등 아무것이라도 글의 형태이고, 서명되어 있으며, 계약의 명시적인 진술이 있는 것이라면 괜찮다(평범한 소매점 고객에게는 이것이 표준 청구서가 될 수 있을 것이다).

가장 중요한 것은 이 문서가 법적인 계약을 강요하게 될 것 같지 않더라도, 일단 서명이 이루어지면 상대방으로 하여금 계약을 지키도록 압력을 가할 수 있게 해 준다는 점이다. 또한 비록 계약 조건을 강요할 수는 없더라도 도덕적인 협상에서 우위에 있을 수 있다. 이것은 내가 알고 있는 것보다 더 중요하다.

예를 들어 만약 거래업체가 나를 실망시키고 내가 그 실망감을 고객에게 전해야 한다면, 적절한 서면 계약서를 갖고 있다고 말할 수 있다는 사실이 그객들로 하여금 내가 믿을 만한 진지한 사업가라는 점을 다시 확신시켜 준다.

만약 나를 믿지 못하겠다면, 굳이 서면 계약서에 신경 쓰지 않았다고 고객들에게 말하라.

## 세심한 법적 인쇄문에 대해 걱정하지 말라

|

중요한 용어들이 명확하다는 가정 아래 계약서에 다음 내용 — 내가 무엇을 할지, 그들이 무엇을 할지, 둘 중 누구도 어떤 것은 하지 않을지, 그리고 누가 어떻게 돈을 지불할지 — 을 포함하고 있다면, 기타 다른 것은 그다지 중요하지 않다. 아마도 예외가 있다면 고객의 소유권과 (해당된다면) 지적 재산에 관한 것이다.

법적인 사소한 인쇄문에 대해 너무 많이 걱정하게 되면 서명된 계약서를 갖게 될 가능성이 낮아진다. 불완전하더라도 중요한 사항들을 포함하고 있는 서명된 계약서를 갖고 있는 것이 전혀 없는 것보다 낫다는 점을 기억하라.

따라서 큰 요점에 대해서만 싸우고, 작은 것들은 양보하라.

## '하지 않을' 일들

|

계약서는 회사를 보호하기 위해 만들어지며, 그것은 무엇을 할지, 더욱 중요하게는 무엇을 '하지 않을지' 명확히 서술하는 데 사용했을 때 그 역할을 할 것이다.

'하지 않을' 일들을 협상에서 늦게 도입하는 것은 나쁜 아이디어다. 왜냐하면 상대방을 불신이나 혼란 또는 실망에 빠트릴 수 있기 때문이다. 논의를 시작할 때 '하지 않을' 목록을 작성한다면, 그들이 상대적으로 그 목록을 쉽게 받아들이는 것을 발견하게 될 것이다.

이 목록들을 계약서 첫 번째 초안에 작성하는 것을 잊는 고전적인 실수를 하지 않도록 하라!

## 계약서를 맨 아래 서랍에 넣어 두라

무엇보다 중요한 것은 계약서가 사업의 권리를 보호하지만, 상대방이 하고 싶어 하지 않는 일을 하게 만들지는 않는다는 것이다. 계약을 했어도 양쪽 모두 사업을 하고 약속을 지키고자 할 때만 일이 진행된다. 그러므로 상대방에게 행동하게 하거나 약속을 지키도록 하기 위해 계약서에 의존하지 말라. 단지 두 가지만 고려하면 된다.

첫째로, 만약 상대방이 계약서가 공정하지 않다고 믿는다면 그것은 이행되지 않을 것이다. 여기에 관련된 것은 대략 불공정한 계약서에 협의 사항이 많지 않다는 것인데, 상대방이 조만간 계약을 지키지 않게 될 것이기 때문이다.

둘째로, 방심하지 않고 상대방 가까이 머무르면서 약속된 것을 얻을 수 있는지 확실하게 할 필요가 있다. 회사가 법적 서류를 갖고 있기 때문에 그 관계에서 눈을 뗄 수 있다고 생각하지 말라.

따라서 일단 계약서에 서명을 하고 나면, 그것을 맨 아래 서랍에 넣고 거기에 그대로 두어라.

## 계약서의 서명은 절대 위임하지 말라

|

유능한 경영진들에게 계약의 협상을 위임하는 것도 ─ 그들이 위에서 나열된 점들을 따른다면 ─ 가능하지만, 계약서에 서명하는 것을 위임해서는 절대로 안 된다. 여기에는 두 가지 이유가 있다.

첫째, 계약서는 종이 한 장으로 사업의 모든 권리를 날려 버릴 수도 있다. 이런 위험을 조금이라도 무릅쓰고 싶지 않을 것이다. 둘째로, 경영진은 "우리 회장님이 그것을 수용할지 확신할 수 없습니다. 물론 저는 왜 당신이 그것을 원하는지 이해하지만, 그들은 그렇지 않은데……." 탁월한 결과를 위해 이와 비슷한 많은 구절들을 말할 수 있다면 더 효율적으로 협상할 수 있다.

## 수표 서명도 절대로 위임하지 말라

|

누가 청구서에 적힌 돈을 지불하는가? 바로 나다! 만약 그게 내 사업이라고 생각한다면, 직접 청구서 금액을 지불하고 확실히 수표에 서명하도록 하라.

만약 사소한 일에 관여하고 싶지 않다면, 믿을 만한 회계사에게 청구 금액을 1,000파운드까지 지불하도록 허용하거나 월간 한도가 1,000파운드인 신용카드를 핵심 관리자에게 주어라.

그러나 다른 모든 청구서는 직접 지불하라. 청구서에 서명하는 것은 사무실에 정기적으로 나타나야 하는 또 다른 이유이다.

아마도 이 방법의 가장 중요한 장점은 청구서에 지불하는 행위가 사업에서 낭비가 커지지 않도록 하는 것을 확실히 돕는다는 것이다. 만약 서명하도록 제출된 수표가 마음에 들지 않는다면, 그것에 대해 질문하라. 그것을 관리자에게 다시 보내고, 그에게 그것이 좋은 구매인지 증명하도록 요청하라.

결과에 상관없이 그 청구서를 지불하게 될 수도 있지만, 이것은 관리자들이 가치를 획득하는 데 효율적인지 알 수 있는 훌륭한 방법이며, 그들로 하여금 정신을 바짝 차리게 한다.

만약 직접 서명을 하는 사업가가 아니라면, 그는 절대로 나쁜 거래에 대해서 알아내지 못할 수 있다. 청구서를 지불해야 하는 책임을 다른 사람에게 넘기는 순간, 관리 비용의 악화와 낭비의 증가를 보게 될 것이다. 유일한 예외는 로트와일러Rottweiler(덩치가 크고 사나운 개 – 역자) 같은 회계사에게 그 책임을 넘길 때이다.

## 개인적인 보증은 절대 하지 말라

신용카드에 대한 개인적인 법적 책임을 지지 말라. 대신 직불카드를 사용하라. 카드는 보통 1~3년이라는 긴 계약 기간을 가지며, 만약 신규 사업이라면 개인적인 보증을 요구한다. 이것은 법적 책임을 쉽게 잊혀지게 하기 때문에 위험하다.

만약 내가 100%의 주주라면, 회사의 법적 책임은 온전히 내 것이며, 신용카드들의 빚에 대한 책임은 개인적인 법적 책임과 거의 같다.

개인적인 법적 책임을 갖고 있지만 회사 소유권을 공유하고 있으면 위험은 증가한다. 종종 역시 임원인 다른 주주가 사업에 문제를 일으키거나 사기꾼처럼 행동할 수 있다. 심지어는 외딴 섬에서 살 수 있을 정도의 큰돈을 가지고 달아날 수도 있다. 그렇게 되면 회사 거래 은행에 제공한 개인적 보증이 요청될 것이며 — 함께 다루어야 하는 파트너의 법적 책임까지 포함해서 — 나는 심각한 손실을 입을 수 있다.

사업가 중에는 처음에는 무해해 보였지만 결국에는 잘못된 개인적 보증 때문에 가정을 잃은 이들도 많다. 가장 좋은 해결책은 개인적인 보증을 하지 않는 것이다.

# rule.79
## 고정 비용을 이해하라

대부분의 사업은, 고정 비용은 쉽게 축소시킬 수 없다는 가정 하에 비용을 고정 비용과 가변 비용으로 나누어 분석할 것이다. 고정 비용에는 사무실 임대료, 정규 직원 등 수익이 없는 경우에도 지불해야 하는 것들을 포함하는 경향이 있다.

여기서 나타나는 전형적인 오류는 어떤 비용이 고정되어 있다고 보는 데 있다. 현실에서는 임대계약을 어길 수도 있고, 사무실을 전대하거나 간부 직원들의 임금을 삭감하거나 내보낼 수도 있다.

어려운 시기에는 고정된 비용이란 없다. 단순히 계약을 일찍 파기하는 데 드는 비용이 있을 뿐이다. 사업가는 이 비용이 얼마인지 정기적으로 알고, 회계사들에게 그것을 보고하도록 할 필요가 있다.

대차대조표에 대해서 더는 걱정하지 말라. 회계사에게 단 하나의 간단한 숫자만 물어보라. 모든 계약을 끝내는 비용이 얼마인가? 다른 말로 하자면, 만약 오늘 사업을 닫는다면, 직원 정리해고, 사무실 비용, 고객들에게 환불할 돈을 포함해서 얼마를 빚지겠는가? 그러면 장기 근무 직원들의 비용이 빠르게 증가한다는 것을 발견할 것이다

(만약 그런 사람이 있다면 말이다).

자, 어떤가? 이제 진짜 고정 비용을 알았다. 그리고 만약 그 숫자가 마음에 들지 않는다면, 그것을 줄이기 위한 행동을 취하라.

# rule.80
## 세금 때문에 신규 사업을 결정하지 말라

세금 때문에 새로운 사업체를 만들고 운영하는 것은 큰 실수다. 세금을 절약할 수 없다는 이야기가 아니다. 가끔은 그럴 수 있다. 단지 그 이유 때문이라면 새로운 사업체를 설립하고 운영하는 것이 잘못이라는 뜻이다.

왜 그럴까? 사업체를 만들고 운영하는 것은 꿈을 추구하는 것과 삶의 목적을 충족시키는 것에 관한 것이다. 만약 단순히 세금 때문에 이런 일을 한다면 꿈을 죽이게 될 것이다. 또한 세금 때문에 그것에 이끌린다면, 꼬리가 개를 이끌도록 허락하는 셈이다.

사업가들은 비용과 세금 문제를 다루는 일의 본질적인 지루함과 에너지 소모를, 전문적인 시간(회계사, 변호사 등을 고용하는 것)이나 그들 자신의 시간(과 그 시간으로 더 잘할 수 있는 무엇) 모두의 관점에서 잘 고려하지 못하는 편이다.

## 일단 결정했으면 세금을 최적화하는 것을 잊지 말라

그리고 위와는 모순적으로 보이겠지만, 그렇다 하더라도 세금에 대해 잊어버리면 안 된다. 즉 일단 또 다른 이유로 사업체를 만들 것을 결심했으면, 그것을 가장 효율적인 방식으로 운영할 필요가 있다. 세금도 효율적인 방식으로 처리되길 요구한다.

그러나 대부분의 세금은 효율적인 구조로 처리하기에는 비용이 많이 들고, 관리하기에도 복잡하다. 따라서 초기에는 세금을 심각하게 고려하지 말아야 한다.

만약 나중에 투자를 한다면, 재정의 일부는 구조를 바꾸는 데 쓰일 수 있을 것이다. 그 시점에서 그것은 돈의 좋은 사용처이다. 그러나 사업이 수익은커녕 제대로 매출을 올릴 수 있는지도 확실하지 않은 처음부터 이 일을 할 필요는 거의 또는 전혀 없다.

# CHAPTER 05

# 사업의 세 단계를 이해하라

# 누군가는 문제를 이미 풀었다

자신의 사업 문제를 아무도 이해하지 못할 것이라고 믿는 것은 전형적인 생각이다. 그리고 이는 보통 현재의 사업 파트너들, 친구, 조언자, 그리고 아내 또는 남편에게 물어보는 설문조사를 해 본 결과, 도움이 되는 대답을 거의 얻을 수 없었다는 것에 기초하는 결론이다.

글쎄, 잠시 이것에 대해서 논리적으로 생각해 보자. 만약 직원들이 사업가의 문제를 이해하고 있다면, 그것은 문제가 되지 않을 것이다. 그렇지 않은가? 따라서 논리적으로 사업가가 갖고 있는 문제는 거의 항상 자동적으로 (나를 포함한) 푸는 방법을 모르거나 풀려면 어떻게 시작해야 되는지 모르는 문제이기 마련이다.

그것은 아무도 내 사업 문제를 풀 수 없다는 것을 의미하지 않는다. 단지 현재 조언자들 중에는 누구도 그 문제를 이해하지 못한다는 것뿐이다. 그렇다면 비슷한 문제를 풀어 보았던 누군가를 찾아 나서야 한다.

## 혁신은 지저분하다

일단 사업 문제가 올바른 조언을 듣지 못했거나 해결책을 발견하지 못했기 때문이라는 것을 받아들였다면, 이제 문제가 본질적으로 유일무이한 것인지에 대한 질문에 직면해야 한다.

그런 경우일 확률은 매우 낮지만, 어떤 시기에는 그런 경우일 수도 있다. 이전 서비스와는 유사한 것이 전혀 없는 서비스를 제공한다고 했을 때 조사를 하더라도 규격화되어 있는 해결책을 얻는 것은 불가능할 수 있다. 그런 경우에는 어쩔 수 없이 지금까지 만들어지지 않았으나 문제를 풀 수 있는 도구, 기계, 사업 프로세스 또는 사업 전략을 만들어 내는 것으로부터 문제를 풀기 시작해야 한다.

이런 방법은 비용이 많이 들고, 시간을 많이 소모하고, 결국에 가서는 그 기계 또는 과정이 의도했던 일을 하는 경우에는 문제를 완전히 풀 수 없는 상황에 봉착할 수도 있다. 이것은 고전적이지만 거의 피할 수 없는 오류이다. 혁신은 지저분하다.

반면에 자신이 만든 기계가 원래의 사업 아이디어보다 더 가치 있다는 것을 발견할 수도 있다. 의류 소매점인 boo.com을 기억하는가? 이 회사는 많은 현금을 썼지만 결국 파산했다. 하지만 그 후에 원천기술을 팔았는데, 많은 온라인 의류 소매 사업이 그 기술로 만들어졌다.

내가 직면했거나 직면할 모든 사업 문제는 — 적어도 한 번은 — 누군가에 의해 풀린 적이 있다는 사실을 기억하라. 이것이 99%의 경우에 해당하는 상황인 것 같다. 아니, 아마 99.9%일 것 같다. 이는 사업 문제가 단순히 올바른 사람에게 주어지지 않았다는 것이다.

이런 방식으로 사업 문제를 보는 것은 이미 다른 사람이 같은 문제를 풀어 보았기 때문에 그 문제를 빠르고 쉽게 풀 수 있는 사람을 찾아보도록 이끈다. 사람 찾기는 조언자, 멘토, 에이전시, 서비스, 프리랜서, 친구 등이 해당된다. 단순히 그 문제를 이전에 풀어 봤던 누군가이다. 알려지지 않은 누군가를 찾는 데는 시간이 소모된다.

하지만 새로운 사람을 찾고 알아갈수록 그 일에 점점 능숙해지며, 아직 알려지지 않은 미래의 문제들도 보다 빠르게 풀 수 있게 된다. 또한 올바른 사람이나 에이전시를 찾았을 때, 문제는 빠르고 값싸게 풀릴 수 있다.

하지만 그것은 기발하지 않다. 만약 제안된 해결책이 값비싸거나 긴 것이라면, 그 문제를 풀겠다고 제안하는 사람이나 회사는 나보다 더 좋은 아이디어를 갖고 있지 않을 가능성이 높으며, 그들에게도 같은 일이 일어난다(해결책을 그들 스스로 알아내는 데 시간과 돈이 들어간다).

스페인과 영국 양쪽의 회사에서 세금을 어떻게 관리해야 하는지에 관한 조언을 구한 적이 있다. 이것에 대해 아무것도 모르는 것이 분명한 회사로부터 6만 유로의 견적을 받았는데, 그것에도 그들은 많은 조사가 필요하다고 하였다.

결국 나는 아무것도 하지 않았다. 내 네트워크를 이용해 세금 문제를 해결함으로써 6만 유로를 절약했다. 이때 진짜 비용은 올바른 네트워크를 찾는 데 들어간 내 시간뿐이었다.

## 나만의 전문적인 네트워크를 만들어라

많은 사업가들이 조언자들의 네트워크를 만든다. 불행하게도 나는 이런 일을 자연스럽게 하지 않은 사람이다. 다른 많은 사업가들이 나와 같은 경우에 속할 수도 있다.

따라서 나와 비슷한 상황이라면 밖에 나가서 사람들과 연결되는 데 의식적인 노력을 기울일 필요가 있다. 그러나 그전에 약간의 힌트를 준다면, 문제를 해결한 적이 있는 사람들을 찾아야 한다는 것이다.

비록 그 시점에서는 사업 쟁점에 대해 아무런 자각을 하지 못하더라도, 문제점들을 파악한 상태에서 적극적으로 네트워크를 찾고 만들어 감으로써 미래의 쟁점들을 신속하게 풀 수 있는 지식과 경험을 쌓는 네트워크를 창출해 낼 수 있는 것이다. 게다가 만약 다른 사업을 하고 있는 사업가들과 조언자들에게 그들이 풀었던 문제들에 대해 물어본다면, 고려하지 않았던 자신의 사업에 관한 쟁점들을 발견하게 될 가능성이 높다.

올바른 사람들을 만난다면 항상 새로운 쟁점들과 다가오는 기회들을 발견할 수 있어야 한다. 이런 일이 일어나지 않는다면 어울리는 사람들을 바꾸고, 더 큰 연못으로 가서 새로운 네트워크를 낚을 필요가 있다.

사업 네트워크란 묘한 것이다. 그들은 고도로 잘 연결된 사람들로 구성되지만, 상당히 좁은 그룹들 안에 머무르는 경향이 있다. 즉 그룹들 사이의 연결은 제한적이다. 비록 한 그룹 안에서의 연결성은 매우 높지만 말이다.

따라서 만약 현재 연락하는 사람들이 나의 사업 문제를 풀 수 있는 연결고리를 주지 못한다면, 새로운 사람들을 찾아보기 시작하라. 새로운 도시로 이사하거나, 다른 사업 영역을 시도하거나, 가장 강력한 네트워크 그룹에 가입하는 노력을 하란 말이다.

약간 극단적인 것으로 보일지 모르지만, 아마존Amazon의 제프 베조스Jeff Bezos는 그의 사업을 실리콘밸리에서 시작하기 위해 원래 살던 뉴욕에서 이사 갔다. 왜 그랬을까?

그는 샌프란시스코의 재능과 기술을 이용할 필요가 있었다(그는 이미 뉴욕의 모든 투자가와 협상 해결사를 알고 있었다). 제프는 새로운 사업 문제를 이미 풀어 본 사람들을 찾기 위해 단순히 그의 네트워크를 확장시켰던 것이다.

# rule.82
## 사업을 기술보다 우위에 두어라

가치 있는 사업이라고 판별되기도 전에 기술적 해결책을 만들려고 서두르는 오류는 닷컴 붐Boom이 일었던 시기에 IT 업계 사이에서 벌어졌던 전형적인 현상이었다. 당시 그들에게는 '이것을 만들면 고객들이 올 것이다'가 전쟁 구호였다. 그래서 건전한 사업보다 기술 혁신에 기반을 둔 사업체가 수없이 만들어졌다.

하지만 그중 일부 업체만이 소수의 고객을 모았고, 다시 그 업체들 중에 극히 일부만이 고객을 조금이라도 유지했다. 아무도 이런 실수를 되풀이하지 않을 것 같다. 그렇지 않을까?

하지만 이런 오류는 사업에서 매일 반복된다. 만약 회사 내에 기술팀이 있다면 그들을 계속 고용하기 위해 프로젝트들을 발굴하는 경향이 있을 것이다. 회사를 투기적인 혁신의 기초로 삼는 것에 비해서 그 손실이 재앙이라고 할 수는 없겠지만, 손실이 커지면서 회사의 효율성은 잠식될 것이다.

그럼 어떻게 이런 일이 일어나는 것을 막을 수 있을까? 간단하다. 첫째, 프리랜서들을 고용하라. 둘째로는, 만약 기술 프로젝트를 위한 계획서를 받는다 하더라도 그게 고객과 사업에 얼마나 도움이 될지 명확하지 않은 이상 거절하라. 그 계획이 실행될 수 없거나 도움이 될 만큼 개선될 여지가 없을 때는 말할 것도 없이, 그 계획이 실제로 도움이 되기 전까지는 거부하라.

요점은 그런 프로젝트가 시작되기 전에 — 직관적인 짐작이나 본능이 아니라 — 명확하고 잘 정립된 사업 필요성이 존재해야 한다는 것이다.

## 혁명적인 기술 개발을 피하라

많은 사업가들이 기술 개발에서 길을 잃는데, 그것은 한꺼번에 훌륭한 해결책을 만들려고 하기 때문이다. 일순간에 사업의 '혁명'을 일으키겠다는 것은 잘못된 프로젝트의 전형적인 예이다.

이런 고전적인 오류에서는 보통 다음과 같은 일이 일어난다. 기술자들이 어떤 개발 프로젝트에 흥분해서 매일매일 자원을 끌어다 쓰며 엄청난 개선에 집중한다. 그러다 보면 마감 기한이 미루어진다.

다른 커다란 노력이 들어간다. 하지만 매일매일 성취되는 일은 적어진다. 다시 마감 기한이 미루어진다. 그리고 몇몇 쟁점들이 나타나기 시작한다. 이제는 매일매일 성취되는 일은 전혀 없다. 더 많은 쟁점이 나타난다. 그러나 성공적인 시스템이 너무 중요해져서 사업가는 마감 기한을 다시 연기한다. 이제는 그저 시스템을 실행하기만을 요구한다.

하지만 만약 그렇게 한다면 그것이 희망하던 것이 아니라는 사실을 알게 될 확률이 높다. 회사가 제공할 수 있는 자원에 비해 프로젝트가 너무 컸거나 개발자가 너무 야심적이었다는 의미다. 그 프로젝트는 더 이상 활용되지 않을 것이다.

유능한 IT 개발자라고 하더라도 프로젝트들은 작게 그리고 종종 나누어서 진행해야 한다. 능력이 뛰어난 IT 개발자들이라면 가공되지 않은 형태에서 기능의 80%를 발휘할 수 있는 시제품을 일주일 안에 만들어 보여 줄 수 있다. 만약 이런 일이 가능하지 않다면 그 프로젝트는 거의 실패하게 될 것이다.

내 회사 IT 개발자들에게 이러한 방법을 적용하라. 그들이 일주일 안에 시제품을 보여 줄 수 있다면, 그 시제품의 중요한 개선 사항을 만들어 낼 수 있을 것이다. 그렇지 않다면 그 프로젝트는 빛을 볼 가능성이 낮기에 반드시 피해야 한다.

## 모든 소프웨어 발매일은 월요일 9시로 하라

목요일이나 금요일을 기술 또는 소프트웨어 개발 발매일로 선택하지 말라. 왜냐하면 기술팀은 항상 좀 더 많은 시간을 필요로 할 것이며, 사무실에 아무도 없는 금요일에 시스템에 문제가 생기는 경우를 대비해 주말 전에 새로운 업데이트를 발매하는 것은 좋지 않다고 이야기할 것이기 때문이다.

해결책은 발매를 항상 월요일 오전 9시에 하는 것이며, 발매 준비가 완벽하게 끝나기 전까지는 기술 개발자들이 금요일에 퇴근하지 못하도록 하는 것이다. 이것은 만약 기술자들이 주말에도 일할 필요가 있다면, 그들이 그렇게 할 것이라는 사실을 의미한다.

이 모든 것이 상당히 인정사정없이 들린다는 것은 알고 있지만, 내 요점은 사업가가 괴물이 될 필요는 없으며, 기술자들이 정말로 주말에 일하는 것으로 귀결되는 것도 아니라는 것이다. 이러한 틀이 그들의 정신을 집중시키고, 처음부터 실행 가능한 프로젝트를 하고, 아직 파란불이 켜져 있을 때 가능한 한 효율적으로 일하도록 그들을 장려한다는 것이다.

이런 시간 선택과 방법을 이용하는 것은 프로젝트에 지속되는 그들의 헌신과 그것을 수행할 그들의 능력에 대한 시험대가 된다.

여기서 한 가지 잊지 말아야 할 것은 이런 모든 프로젝트는 투기적인 것이며, 사업가는 어떤 단계에서라도 그 프로젝트를 중단할 수 있어야 한다는 것이다.

## rule.83
## 신용을 통제하라

능숙한 신용 통제credit control가 필요하지만, 더 좋은 것은 선행 지불을 요구하는 계획을 설립하는 것이다. 신용 통제는 고객 계약서에서 시작한다.

만약 회사가 15일 안에 지불을 요구할 권리와 청구서에 적힌 금액대로 지불되지 않을 경우 서비스를 철회할 권리를 설정했다면, 실행하기 쉬운 강한 입장에 있게 된다.

그런데 만약 계약서를 갖고 있지 않다면 신용 통제를 전혀 할 수 없다. 수많은 사업가들이 이런 유효한 계약서를 만들지 않는 실수를 한다.

### 무제한의 법적 책임을 통제하라

휴대전화와 비용 계정은 전형적인 통제되지 않은 법적 책임이며, 제대로 관리되지 않으면 사업을 어려움에 처하게 만들 수 있다. 신용카드의 한도를 정하고, 카드를 (여행을 제외한) 서명을 받은 구매에 대해서만 사용하고, 여행 경비는 개인적으로 다시 청구하도록 요구할 수 있다. 여행 경비를 청구하는 따위의 귀찮은 일은 직원들로 하여금 그 돈을 사용하지 않도록 장려한다.

# rule.84
## 어려운 결정이 옳은 결정이다

사업가들은 끊임없이 결정을 내려야 한다. 어떤 결정들은 쉽지만, 어떤 결정들은 어렵다. 비즈니스 결정들이 어려운 이유는 그것들이 대부분 감정적인 면에서 기인하기 때문이다. 그 결정으로 누군가를 실망시키거나 화나게 할 수도 있다는 뜻이다. 어쩌면 꽤 심하게 말이다. 그 결정으로 이미 한 약속을 번복해야 할 수도 있다.

그러나 내 경험에 의하면 똑같이 좋게 보이는 두 안을 두고 선택하려고 할 때, 하나가 쉽고 하나가 어려운 안이라면 어려운 안을 선택하는 편이 거의 항상 옳았다. 그 이유는 보통 사람은 어려운 안 대신 쉬운 안을 선택하려는 경향을 보이기 때문이다.

만약 어려운 안과 쉬운 안이 똑같이 좋아 보인다면, 쉬운 안은 이런 경향 때문에 그렇게 보이는 것이지, 결코 어려운 안보다 좋은 결정이 아닐 수도 있다.

감정적으로 어려운 결정을 하는 것은 리더를 성장하게 해 준다는 점에서 중요하다. 또한 사업가가 따를 만한 사람이라는 점을 주위 사람들에게 확신시키는 데 있어서도 중요하다. 만약 사업가가 어려운 결정을 내릴 능력이 없다고 생각한다면, 직원들은 그의 리더십에 대해 강한 신뢰감을 가지지 않을 것이다. 그 결정이 그들의 동료를 떠나보내야 한다는 것이든, 불쾌하지만 필요한 사안들에 관한 것이든 말이다.

감정적으로 어려운 결정을 하려면 리더는 단기간의 나쁜 감정을 무시하고 지속 가능한 경영을 위해 더 장기적인 계획을 실천해야 한다. 그리고 어려운 결정 때문에 직간접으로 영향을 받는 사람들 모두에게 그 결정에 대하여 설명해 주는 개방적인 태도를 갖추어라.

그것은 사업가의 리더십에 신뢰를 부르고 자신감을 심어 줄 뿐만 아니라 결정에 영향을 받는 사람들이 훌훌 털고 일어나 다른 방법을 찾아볼 수 있도록 도와준다.

## rule.85
# 기업으로부터의 탈출을 계획하라

우리 회사를 1,000만 파운드에 판다면 위업을 달성한 것처럼 보일 것이다. 그러나 바이어는 나를 회사에 계속해서 붙들어 놓고자 할 것이다. 일반적으로 바이어는 일단 500만 파운드를 현금으로 지불한 후에 기업이 매입되고 나서 특정한 수입 목표를 달성시키는지의 여부에 따라 나머지 500만 파운드를 2년 내에 지불하겠다고 할 것이다. 아마 2년 동안 회사 수익을 두 배로 늘리는 등의 조건이 붙을 수도 있다.

하지만 이 사실을 잊지 말라. 만약 (다분히 일반적으로 처하게 되는 상황인데) 내가 회사 지분을 내주어 현재 20%의 지분밖에 가지고 있지 않다면, 고작 당장의 100만 파운드와 2년 내에 100만 파운드 받는 것 이상을 기대할 수 없다. 금액이 갑자기 현저히 떨어지는 것이다.

물론 두 경우 모두 세금을 지불해야 한다. 방금 우리는 엄청난 부자가 되려는 기분을 느꼈다가 런던의 테라스가 딸린 좋은 집을 살 수 있을 정도로 내려왔다. 후자도 멋지긴 하지만, 결코 전자와 같지는 않다.

다른 방법이 있다. 기업 매각 후에 관여하지 않겠다는 조건으로 최대한의 금액을 받고 첫 번째 기업을 팔아라. 간단하다. 기업 개선 작업에 대한 대가는 생각지도 말라. 회사가 진실로 탄탄하고 나 없이도 잘 운영될 수 있다는 사실을 바이어들에게 보여 주어 최선의 가치를 평가 받아라.

앞으로 무얼 하든지 간에, 일단 매각을 결정했다면 떠나라. 돈을 받고, 새 집을 사고, 다른 사업들을 시작하라!

---

## 기업체가 팔리면 얽매이지 말라

|

2년 동안 (몇 년을 약정하든지 간에) 기업 운영에 계속 관여하여 기한 안에 전체 금액을 받는 것이 왜 바람직하지 않은 생각인 걸까?

문제는 사업가들이 운영권을 물려주어 회사에 대해 더 이상 예전과 같은 지배력을 가지지 못할 때 종종 흥미를 잃는다는 것이다. 그들은 매각 때 세웠던 목표를 달성하지 못하여 계약 금액의 나머지 반(이 사례에서는 500만 파운드)을 받는 데에 실패할 확률이 크다. 2년을 그저 낭비하는 것이다.

물론 대안이 있다. 즉 1,000만 파운드를 받고 싶다면, 2,000만 파운드에 팔릴 기업체로 만들면 된다. 그래서 매입자가 금액의 반, 1,000만 파운드를 선불로 준다면 그 금액만큼 받고 떠나라.

매입자의 회사 운영을 도와주겠다고 합의하면서 남은 1,000만 파운드를 받으려고 협상하지 말라.

## 파산을 이용한 탈출

|

다른 탈출구로는 파산이나 폐업이 있다. 이는 현금이 부족하거나 기업이 이익을 낼 수 없어 자산 가치 이상의 금액에 팔리지 못할 것이라는 판단이 들 때 전형적으로 일어난다.

이 (먼 훗날이 되길 바라는) 위급상황에 대처할 계획을 세워야 한다. 즉 일이 잘 풀리지 않을 때 6개월, 더 길게는 12개월 동안 버틸 충분한 현금을 보유해야 한다. 부동산, 주식, 채권에 투자한 돈이 아니라 예치금 말이다.

그렇다. 이자를 제공받기 때문에 예금도 투자지만 유동성이 있다. 이 정도의 현금이 있고 개인적으로 기업의 채무를 지지 않는다면 회사는 회복할 수 있는 재정적 힘을 가질 수 있다.

가장 중요한 일은 회복하는 것이다. 다시 시작할 수 있게 해 주기 때문이다. 내가 그랬던 것처럼 파산을 통해 흉터를 얻겠지만, 깊은 경험으로 무장될 것이다. 여전히 재정적으로 건강하다면 훨씬 더 강한 입지를 다져 재건할 것이다.

## 경영 사이클에 따른 탈출

|

사업가들이 하는 가장 큰 실수는 매각 시장이 활발할 때 회사를 팔지 않는 것이다. 나는 고정된 재정 가치 목표(2,000만 파운드)를 달성하고자 하는 주주들 때문에 이 결정적인 시기를 놓치는 전형적인

실수를 저질렀다.

경영 사이클은 강한 매각 시기와 아주 많이 할인된 가격이 아니고서는 아무것도 팔리지 않는 시기로 나뉜다. 생각한 원래의 매각 목표액에 미치지 못할 때라도 회사를 가지고 있는 것보다, 매각금액이 좋고 이익율이 압박을 받기 시작하는 경영 사이클 최고조기에 매각하는 것이 훨씬 유리하다.

왜일까? 경영 사이클은 대체로 5~7년 주기로 반복된다. 전미경제연구소US National Bureau of Economic Research는 1854년부터 2001년까지 32개의 경영 사이클을 발견했다. 따라서 경영 사이클의 고조기를 놓치면 최고가 매각을 위해 다시 5~7년을 기다려야 한다. 정말 7년까지 기다리고 싶은가? (기업이 피하기 힘든 경기 침체기에 살아남았다는 가정까지 더한 후에 말이다)

잊지 말라. 사업가는 새로운 흥분을 필요로 한다. 성과가 거의 없거나 아예 없는 지겹고 단조로운 일을 7년이나 할 것인가? 정직한 답변을 내리기 바란다.

## 모든 제안을 고려하라

|

매각 제안을 받으면 곧바로 거절하지 말고 신중히 고려하라. 낮은 금액의 제안일지라도 시장에서 다른 사람은 얼마나 지불할 것인지 살펴볼 계기를 준다. 이미 제안을 받은 상황에서 이 조사를 하기 때문에, 절박해 보이지 않을 것이다. 다른 매입자를 찾아내 가격을 올

려놓는 좋은 방법이 될 수도 있다.

마찬가지로 매각 결정 시기가 되었을 때, 몇 %의 할인율 때문에 기회를 놓치지 말라. 바이어는 가격을 낮추기 위한 모든 전략을 시도할 것이다. 이 상황을 헤쳐 나갈 수도 있겠지만, 양보도 할 수 있도록 준비해야 한다. 이것은 '손 안의 한 마리 새가 덤불의 두 마리보다 낫다'라는 속담과도 같다. 손에 쥔 현금이 다른 누군가가 지불할 금액 두 배만큼의 가치가 있다.

그리고 기억하라. 내 커리어는 여기서 끝나는 것이 아니다. 내 커리어는 방금 새롭고 더 신나는 길을 향해 출발한 것이다.

## 어떤 새들은 철 따라 옮겨 간다

사업가로서 때때로 그저 옮겨 가야 할 시기가 오기도 한다. 돈 때문이라기보다는 내 재능이나 인생의 목적으로 여기는 것 때문이다. 하고 있는 일이 더는 나와 맞지 않는다면, 회사를 팔고 옮겨 가라.

사업가는 새로움에 대한 본능적인 사랑을 가지고 있다. 때때로 같은 일을 너무나 오랫동안 해 왔고, 그저 옮겨 가야 할 시간이 되었다는 것을 본능적으로 깨달을지도 모른다. 그렇다면 운명을 받아들이고, 그냥 저질러라. 옮겨라.

어떤 새들은 매 계절마다 새로운 먹이를 찾아 이동한다. 사업가들도 마찬가지이다. 가야 할 시간이 되었다면 야단법석 떨지 말고 빨리 떠나라. 마지막 한 푼까지 기다리거나 경영 목표와 재정 목표를 충족시켰는지 걱정하지 말라. 수익을 가지고 떠날 수 있다면 가야 할 시간이다.

나를 기다리고 있는 새로운 먹이처가 있다. 대단하지 않더라도 그 돈이 다음 모험에서 도움이 될 수 있고, 더 놀라운 것은 그것이 사람들로 하여금 나를 따라오게 할 것이다.

사업이 성공하고 나면 오히려 흥미를 잃을 수도 있다. 그러면 바로 팔고 다른 사업으로 갈아타라. 의욕을 상실한 리더의 사업은 오래 가지 않으므로 속히 팔아넘기고 새로운 아이템을 찾아라.

# 간부회의와 이사회를 피하라

어떤 경우에 사업가는 자신의 업무가 회사 경영 대신 이사회나 CEO를 통해 주식과 주가를 조절하는 일로 바뀌어 있다는 것을 알게 될 것이다. 이때 CEO는 사업가에게 브랜드 전략과 가격 전략(그리고 최종적으로는 이익율 전략)을 제안해 주기를 원할 것이다. 그러나 이것은 항상 주주들의 최종 허락 아래 이루어져야 한다.

그러나 주주들이 책임을 추궁할 사람을 찾기 전까지는(즉 사업가는 그의 주식 중 이미 많은 주를 팔았다), 이사회는 필요 없을 뿐더러 피해야 한다. 이사회에 비상임이사들을 참여시킬 수 있는 경우를 제외하고는 말이다.

간부회의도 비슷하다. 회계사는 각종 데이터와 이 책에서 말한 중요한 경영 수단들을 알려 줄 의무가 있다. 이런 정보를 제공받고 있지 못한다면 새 회계사를 고용하라. 그리고 간부들에게 이익율에 대한 책임을 물을 수 있을 때가 돼서야 간부회의를 시작하라.

## 이사회 소집을 위한 비상임이사 규칙

이사회는 비상임이사들(즉 경영에 대하여 이사 수준의 책임감이 있지만 회사의 상시 업무에 종사하지 않는 이사들)이 CEO와 상임이사들에게 결과에 대하여 책임을 추궁하는 자리이다.

비상임이사들은 항상 주주들의 이익을 염두에 두면서 CEO 및 경영진들과 자본 출자, 배당금, 경영진 임금 등의 안건에 대하여 마찰을 일으킬지도 모른다. 이런 갈등은 건강한 것으로서 격려되어야 한다. 그들은 연봉을 받는 CEO와 경영진들에게 적당한 견제와 균형이 이루어질 수 있도록 해 준다.

그러나 이러한 구조를 만들려면 많은 비용과 노력이 필요하기에 100~500만 파운드 이상의 매출을 올리는 기업에서나 아니면 (상임이사가 아닌) 제3자가 엄청난 현금 투자를 한 경우에나 가능하다. 이 중에 어떤 조건도 충족되지 않는다면, 간부회의만 유지하고 형식적인 이사회 조직은 피하라.

물론 투자자는 강력한 비상임이사진이 있는지를 확인하려 할 것이다. 이 회사에 투자하는 것이 안전할 것이라는 확신을 줄 수 있기 때문이다. 많은 자금을 투자받는다는 전제 중 하나로 비상임이사진의 감독과 통제가 부가적으로 숨어 있는 것이다.

## 중요한 회의 전에 스프레드시트를 전달하라

모든 이사회, 간부회의, 경영 실적 발표에는 반드시 스프레드시트가 필요하다. 모든 사람이 스프레드시트 속에 입력된 내용을 인지할 수 있기 위해서는 회의 시작 24시간 전에 자료가 배포되어야 한다. 이렇게 함으로써 회의에 참석하는 사람들은 스프레드시트 내용에 익숙해지고 수치에 대하여 질문을 준비할 수 있다.

회의 전에 스프레드시트를 배포하는 것이 불가능하다면 회의를 취소하라. 그리고 회의 연기에 대해 책임이 있는 사람에게 회의를 다시 소집하라고 요청하라. 또한 모든 회의 참석자에게 스프레드시트에 대한 질문을 하도록 권유하여 완전히 참여할 수 있도록 한다.

## 간부들을 반드시 준비시켜라

사업 제안이 제대로 제시되지 않았거나 스프레드시트가 중요한 간부회의 전에 전달되지 않았을 때 이런 말이 함께 전달된다.

"죄송합니다. 다음에는 더 잘하도록 하겠습니다."

또 기회를 주어도 될까? 다음에 무엇을 개선할지 말할 수 있다면 기회를 주어라. 계속해서 실패한다면 기회를 주지 말라. 두 번 실수는 반복하는 것이지만, 세 번 실수는 그것이 영구적으로 되어 가는 것이다.

## 스프레드시트는 추정된 내용을 담고 있다

신생 기업들은 월간 보고 체제를 세워야 한다. 그 방법이 단순히 탁자에 둘러앉아 은행 입출금 내역서에 대하여 빠르게 살펴보는 것일지라도 말이다. 이 회의에서는 종종 스프레드시트 상의 미래 계획(혹은 수입)에 집중한다. 그러나 기업이 성장함에 따라 더 많은 수의 변수들을 표현하려다 보면 스프레드시트가 엄청나게 복잡해질 수 있다.

그 결과, 상임이사들과 비상임이사들은 스프레드시트가 어떤 식으로 만들어져 있으며 그 저변에 깔린 진정한 의미는 무엇인지 이해하기 위해, 절박하게 스프레드시트를 읽는 데 많은 노력을 기울이게 될 것이다.

이것이 회사에 결정적인 역할을 한다. 고위간부들 사이에 벌어지는 토의의 진정한 가치는 경영 계획 및 경영 모델에 관한 근본적인 추정 내용들에 대해 질문을 하는 데에 있다.

이런 질문 과정 속에서 잠재적인 가격, 자금 운용 전략 등에 문제가 있는지가 드러날 것이다. 미래 계획에 대한 판매량 예상과 추정 내용을 얼마나 믿느냐에 따라 이런 문제들이 잘 해결될지 아니면 심각해질지가 결정된다. 그러므로 추정 내용들을 미리 알아 두어 나중에 놀라게 되는 고전적인 실수를 피하라.

일단 스프레드시트가 충분한 시간 안에 전달되도록 하고 나면, 다음 단계에 해야 할 일은 회의에서 사람들이 스프레드시트 자체가 아니라 그 저변에 깔린 추정 내용에 집중하도록 하는 것이다.

왜 특정 지역이나 상품군에서 수익이 증가하는지, 또는 어째서 신상품이 추가 판매고를 올렸는지에 관한 토의가 스프레드시트의 계산이 잘 맞는지에 관한 그것보다 훨씬 더 시간을 잘 활용하는 것이다.

스프레드시트를 해석하느라 초반에 에너지를 잔뜩 쏟는 회의는 중요한 문제들을 다루는 일에서 앞서 나가는 데에 실패할 것이다.

## 경영 예측 오류를 피하라

이 고전적인 실수는 경영 계획을 실시한 후 3년 이내의 비용 증가 이유를 예측하는 것이 어렵다는 사실을 보여 준다. 이러한 비용 증가가 일어나지 않을 것이라는 뜻이 아니다.

전형적으로 성공적인 사업은 경쟁자들을 끌어들이거나, 너무나 성공적이라면 정부의 개입을 부추겨 마케팅이나 생산 비용의 증가를 일으킬 수 있다.

30% 또는 그 이상의 이익률을 가지는 사업은 확장 중인 다른 기업들에게도 무척 매력적인 목표가 될 것이다. 따라서 '아무도 따라 할 수 없다' 또는 '정부가 함부로 금지하거나 규제할 수 없다' 등의 수긍할 만한 이유가 없다면, 이익률이 계속 증가할 것이라고 가정하는 것은 위험하다.

## 질문이 없다고? 오지 말라!

성공적인 회의의 비결은 규모를 작게 유지하는 것이다. 회의 참석자 중 스프레드시트 상의 추정 내용과 이에 따르는 경영 행위 저변의 근본 문제들에 대해서 질문을 하지 않는 사람은 다음 간부 회의에 참석할 필요가 없다.

간단하다(그리고 그들도 참석하지 않는 것에 대해 감사할 것이다). 이것은 중요한 회의의 규모를 작게 유지해 초점을 맞추는 것을 돕는 좋은 방법이다. 누군가에게 회의에 참석해 달라고 이야기할 수는 있지만, 그러려면 경영 계획을 깊이 파고들 수 있는 의지를 가진 사람만 초대하여야 한다.

## 잠재적인 아이디어에 대하여 토론하기

절반 정도의 이야기가 진행된 아이디어에 대한 토의를 위해 시간을 쓰고 싶어 할 수도 있다. 이것은 그 아이디어가 효과가 있을 것인지에 대한 것보다는, 그것이 좋은 것이라면 실행하기 위해 시간과 자원을 활용할 의향이 있는지에 대한 토의여야 한다.

다른 말로 하자면, 회의의 목적이 아이디어를 입증하는 것이 아니라 그 아이디어가 회사 사업에 맞는지와 괜찮은 계획 수립을 위한 지원을 할 만한지를 결정하는 것이어야 한다는 뜻이다. 이런 내용을 다음 회의에서 토의하여야 한다.

# rule.87
## 봉투 테스트를 하라

직원들이 경영 계획을 세우고 발표할 때조차 간단명료한 스프레드시트를 만들지 못한다면 이 방법을 사용하라. 봉투 뒷면에 경영 계획을 요약하여 써 보라. 요약본이 한 장의 봉투에 다 들어가지 않는다면 잘못 쓴 것이다. 너무 복잡하기 때문이다.

경영 계획은 회사의 모든 사람이 매일 자신의 분야를 이해하고 실행할 수 있어야 한다. 또한 외부 투자자들도 쉽게 이해할 수 있어야 한다. 제안, 조건, 통계들을 길게 나열한 후에는 좋은 경영 아이디어가 쉽게 나오지 않는다. 좋은 아이디어란 간단하고 직접적으로 설명할 수 있는 아이디어를 뜻한다.

그러니 봉투를 꺼내어 글을 쓰기 시작하라. 그들이 계획안, 보고서 등을 화이트보드나 봉투, 냅킨에 요약해서 쓰지 못한다면 그들을 아이디어와 함께 내쫓아라. 그들은 명확한 계획안을 세웠을 때 언제든 돌아올 수 있다.

# 디자인은 두 번째 문제이다

너무나 자주 마케팅 팩 디자인에 지나치게 집착하기도 한다. 하지만 마케팅 팩 디자인은 그렇게 중요하지 않다. 정말 중요한 것은 마케팅 팩을 보내는 (잠재적이든 실제적이든) 고객 목록이다.

일단 전문적으로 보이는 내용을 웹사이트에 올려놓는 기본 장애물을 넘고 나면, 웹사이트 자체보다 웹사이트로 들어오는 트래픽이 더 중요한 것처럼 말이다.

만약 잠재적 고객들이 명확한 연락처가 적힌 한 페이지짜리 웹사이트에 많은 트래픽을 가지고 있다면 트래픽 없는 매우 훌륭하고 화려해 보이는 웹사이트보다 더 많은 문의사항을 받을 것이다.

그러므로 디자인이 마케팅에 대한 결정을 이끌도록 하지 말라. 요점은 디자인은 다른 모든 것을 따르는 활동이라는 것이다. 디자인이 다른 모든 것을 이끄는 것이 아니다.

무엇이든 그것이 누굴 위한 것인지, 미래의 의뢰인과 고객 앞에서 어떻게 보이게 만들 것인지 논의하기 전에 디자인하는 것은 고전적인 실수다.

## 디자인을 잊지 말라

물론 정반대인 실수는 디자인에 전혀 관심을 두지 않는 것이다. 디자인의 역할은 시장에서 우리 회사의 브랜드와 제안을 다른 회사의 그것과는 명백하게 차별화되도록 하는 것이다.

그래서 디자인이 없다면 브랜드와 제안이 경쟁 회사와 대결했을 때 비교적 신경을 안 쓴 듯 허름해 보일 것이다. 또는 회사 브랜드와 제안이 전혀 주목을 받지 못할 수도 있다.

하지만 십대들이 주목을 받기 위해 괴상망측한 옷을 골라 입는 것처럼 그저 달라 보이기 위해서 화려한 디자인을 개발하는 덫에 빠지지 말라. 대신 디자인이 회사의 브랜드와 제안을 얼마나 정확하고 명확하게 전달하는가를 보라.

예쁘고 멋지다는 기준으로 디자인을 판단하지 말고, 메시지를 더 분명하게 전달해 주는지와 경쟁자에게서 내 회사를 얼마나 부각시키는지를 기준으로 판단하라.

## '돈이 있으니 마케팅 한다'는 실수를 피해라

많은 마케팅 캠페인이 돈을 쓰면서부터 — 또는 어쩌면 쓸 돈이 원활히 융통될 때 — 잘못 되기 시작한다. 마케팅은 돈을 쓰지 않아도 가능하다. 그리고 마케팅에 상당한 경험이 있는 게 아니라면 그 돈을 잘못 사용할 가능성이 많다. 대부분의 마케팅 목표는 열심히 일하면 달성된다. 그러니 고객 명단을 확보하는 데 돈을 쓰지 말고 자신의 목록을 만드는 데 시간을 써라. 더 느리고 힘든 일 같지만 구식이 되지는 않을 것이다.

그러나 마케팅팀은 종종 선두에 서야 한다는 강한 압박을 받는다. 이런 이유로 더 많은 마케팅 예산을 설정하기 위한 탐색이 시작되지만, 우위 점유율과 판매율에서 하락을 경험하게 될 가능성이 크다.

## 평가하라, 평가하라, 평가하라

마케팅 예산을 쓸 기회가 굉장히 많이 있기 때문에 어떤 마케팅 방법을 선택해야 할지 결정하기가 쉽지 않다. 종종 마케팅 초보자들은 단순히 현금을 여기저기 조금씩 뿌려 보고 어떤 일이 일어나는지 살펴본다. 이것은 괜찮다. 만약,

- 한 활동에 또는 한 달 안에 전체 예산 중 10% 이상을 쓰지 않는다면
- 평가 가능한 명확한 목표를 정한다면
- 각 마케팅의 성공을 그 목표들에 비추어 평가한다면

어떤 것이 효과가 있고 어떤 것이 효과가 없는지 알아내기 위하여 마케팅 비용 중 10%만 사용하고, 남은 90%를 가장 효과적인 마케팅에 사용할 수 있다.

하지만 전형적으로 초보 사업가들은 이를 반대로 실행하여 마케팅 비용의 90%를 효과가 없는 일에 사용하여 눈에 보이는 성과를 얻지도 못하고, 왜 그것이 효과가 없는지에 대한 아이디어도 얻지 못한다.

그 후에 그들은 다른 누군가가 달성하고자 하는 마케팅 목표를 남은 예산의 10%에 기초하여 이루어 주길 바란다. 하지만 전혀 효과가 없을 것이다.

## 다음 큰 마케팅 건에 속는 것을 피하라

마케팅은 새 기술들에 열광하게 만드는 경향이 있다. 그래서 소셜 미디어 같은 새로운 것이 생겨나면, 다른 사람이 그것에 대하여 열광한다고 생각하기 때문에 모든 사람이 열광한다. 그리고 다른 사람이 그것을 하고 있다고 생각하기 때문에 모두가 하기 시작한다. 지금은 모두가 그것을 하고 있다. 이것을 눈덩이 효과snowball effect라고 부른다.

눈덩이 효과를 보거나 경험하게 될 때, 첫 번째로 해야 할 일은 그것을 피하는 것이다. 그리고 그 현상에 참여할까를 결정하고, 그렇지 않으면 완전히 반대 방향으로 나가라.

현재 모든 회사가 이메일 전송 마케팅에 돈을 쓰고 있다면, 우리 회사는 대신 우체국을 통한 편지 마케팅에 집중하는 것이 훨씬 나을 것이다. 왜일까? 다른 누구도 그 마케팅을 하고 있지 않기 때문에 경쟁이 거의 없거나 아예 없어서 마케팅 메시지가 더 잘 보이고 들릴 것이기 때문이다.

시간이 지나면서 큰 마케팅 건에 대한 열광이 가라앉고 마케팅 믹스marketing mix(기업이 마케팅 목표를 달성하기 위해서, 모든 마케팅 수단들의 효과가 극대화되도록 적절히 배합하는 전략 — 역자 주)에서 정당한 자리를 잡아갈 것이다.

엄청난 열광을 몰고 왔던 검색 엔진 순위가 지금은 구식처럼 여겨지지만, 고객들이 웹사이트를 구글이나 기타 검색 사이트에서 키워드를 통해 찾을 수 있게 해 주는 검색 엔진 최적화SEO가 성공적인 프로모션 중에 하나가 된 것처럼 말이다.

그렇게 되기 전까지는 시류와 반대로 나갈 각오를 하라. 그러면 종종 앞서 나가고 있다는 것을 깨닫게 될 것이다.

## rule.89
## 피드백 고리를 설치하라

　예전에는 기업들이 종이 신문에 광고를 게재했지만, 지금은 기업 자체 웹사이트, 소셜 미디어, 아이폰 콘텐츠, 디지털 미디어 등에 광고 비용을 집행한다.

　이 새로운 디지털 마케팅 환경이 기업으로 하여금 계속하여 고객들이 무엇을 좋아하고 싫어하는지 빠르게 찾아낼 수 있게 해 준다. 작은 마케팅과 커뮤니케이션 캠페인들이 더 손쉽게 시행되고 사람들이 어떻게 반응하는지 — 링크를 클릭하는지, 웹사이트를 읽는지 (그리고 얼마나 오래 반응하는지), 댓글을 남기는지, 이 사람들이 정확히 누구이고 언제 어디서 반응하는지, 기타 등등 — 에 대한 넓은 범위의 접근이 가능해져서이다.

　전통적인 광고를 이용할 때에는, 아주 비싼 고객 표본 없이는 고객들이 광고에 어떤 반응을 보이고 있는지 전혀 알 수가 없었다.

　지금은 마우스 클릭으로 모든 것을 볼 수 있다. 그리고 이것이 중요한 피드백 고리('선순환'을 뜻하는 멋진 비즈니스 용어)를 설치하는 것을 가능하게 한다. 즉 고객 정보와 마케팅에 대한 그들의 반응을 전송 받아 상품과 서비스의 개발에 이용하면 회사는 더 나은 마케팅과 더 나은 상품을 개발하게 될 것이다.

예를 들어 보자. 나는 디지털 출판업을 한다. 우리는 회사 홈페이지에 새로운 코너 — 직업 관련 코너 — 를 신설하였는데, 이 코너가 거의 곧바로 우리 사이트에서 가장 핫hot한 코너가 되었다. 이것으로 무엇을 알 수 있었을까? 사람들이 전망 있는 직업들에 큰 관심이 있다는 것이었다.

그래서 우리는 디지털 잡지에서 이 코너를 더 중요하게 다루었고, 전망 있는 직업들에 대한 편집 시간을 더 많이 할애하였으며, 광고영업팀은 직업 관련 광고를 판매하는 데에 더 집중하도록 하였다.

그래서 우리 디지털 출판업은 — 인쇄업이 주가 되던 시절에는 전혀 가능하지 않았을 방법이다 — 매일매일 사람들이 그것에 어떻게 반응하고 사용하는지 더 많이 이해함으로써 발전하였다.

## rule.90
# 문제를 세 방향 대화로 해결하라

문제가 곪도록 내버려 두지 말라. 대신 빠르고 효율적으로 문제를 내쫓는 방법을 찾아라. 문제 상황의 99%를 처리하는 가장 효과적인 방법 중 하나는 세 방향 대화이다. 이것은 실제 대화나 전화로 가능하다.

존John은 잭Jack이 담당하고 있는 새 마케팅 팩 디자인에 대하여 염려하고 있다. 존은 나에게 전화를 걸어 자신의 걱정에 대해 (보통은 간접적으로) 말하기 시작할 것이다. 그의 실제 걱정이 무엇인지 깨달았다면, 잠시 그의 말을 멈추고 이렇게 말해 보라.

"잭을 이 대화에 끌어들입시다."

그러면 무슨 일이 일어날까?

- 첫째, 존은 가십이 전혀 좋지 않다는 것을 배운다. 그리고 나중에는 자신의 염려나 걱정을 지지하거나 표현할 수 있을 때만 문제를 제기하려는 입장을 가질 것이다. 사무실 뒤에서 중얼거리는 것은 좋지 않다.

- 둘째, 잭이 심각한 실수를 하려던 참이었을 수도 있다. 어쩌면 잭은 그가 하고 있는 일에 대해 설명을 하거나 존의 염려에 대해 반대 입장을 내세울 수도 있을 것이다.
- 셋째, 잭이 자신의 실수를 깨닫거나 존 자신이 문제를 충분히 고려하지 않았다는 것을 깨달을 것이다. 아니면 우리들은 합의점에 이르지 못할 것이다(하지만 실제로 이런 경우는 매우 드물다).

합의점에 이르지 못하였다면, 사업가가 결정을 내리고 이를 실천해야 한다. 아니면 여러 입장을 가진 사람들을 모아서 더 큰 연구를 진행해야 한다. 두 경우에서 모두, 사업가는 문제의 본질을 빨리 다룰 수 있고, 문제를 빨리 해결할 수 있고, 계획을 진행시키기 전에 특별 회의를 소집하거나 추가 조사를 시행할 수도 있다.

세 방향 대화의 다른 장점은 직원들이 진짜 걱정거리가 생겼을 때 사업가와 소통하는 방법을 배운다는 점이다. 직원들은 사업가가 자신들을 기만하지 않고 문제를 처리할 것이라는 사실을 안다. 또한 염려하는 것을 다른 사람들 앞에서 자신감 있게 자세히 설명할 수 있으리라고 사업가가 기대하고 있다는 것을 안다.

이것은 문제를 모두가 알도록 개방하기 때문에 가십과 험담을 멈추게 하는 훌륭한 방법이기도 하다.

# 주주를 피하라

주주에 관한 규칙들로만 책 한 권을 채울 수 있다. 그 책의 유일한 단점은 굉장히 지루한 책이 될 것이라는 점이다. 주주 관리는 사업가의 신명과는 굉장히 다르다. 그래서 주주 관리를 꼭 해야 하는 것이 아니라면 하지 말라고 하고 싶다.

주주를 꼭 필요로 한다면, 언젠가 회사에서 쫓겨나 전문 경영인이 내 위치를 꿰찰지도 모른다는 최악의 시나리오를 미리 받아들여라. 이런 일이 발생하면 그런 상황을 헤쳐 나가기 위해 노력할 수도 없고, 노력해서도 안 된다. 돈을 받고 떠나라. 탈출하게 되는 것은 행운일 것이다. 주주의 숫자가 많을수록 의견 일치가 이루어지지 않을 경우가 많다. 그리고 통제하는 주주가 한 명이 아니라면, 합의를 도출하는 것도 어려울 것이다.

(내 희망대로라면) 사업가는 무에서 유로, 새로운 무엇인가를 창조하는 재미와 신명을 위하여 사업에 참여하고 있는 것이다. 재정 문제에 대한 굶주림으로 인해 사업을 시작조차 하기 전에 꿈을 팔아 치우도록 하지 말라.

## 아니면 태그얼롱 권리를 갖도록 하라

다른 주주들을 받아들여야 한다면 — 그리고 그것이 필수적이라면 — 주주 한 사람이 주식 매각을 계획할 때, 나 또한 주식을 같은 바이어에게 같은 금액으로 팔 수 있도록 하라. 이런 조치는 주주 한 사람이 다른 주주들에게 손해를 끼치면서 주식을 이른 시기에 파는 것을 예방한다.

태그얼롱tag-along(1대 주주가 보유 지분을 매각할 때 2, 3대 주주가 그것이 좋은 조건이라고 판단되면 1대 주주와 동일한 가격으로 팔아 달라고 1대 주주에게 요구할 수 있는 권리를 말한다. 원래 뜻은 '항상 남을 따라다니는 사람'이다 — 역자 주) 권리의 작용 방식은 다음과 같다.

주주 존이 회사 전체 주식의 20%를 가지고 있고, 그의 모든 주식을 각 10파운드에 팔기로 제안한다. 그럼 다른 모든 주주 또한 그들 주식의 20%를 같은 바이어에게 같은 금액으로 팔기로 결정할 수 있다. 그래서 다른 모든 주주가 팔기로 결정해야만 존이 그의 주식 일부(즉 전체의 1/5)를 이 바이어에게 팔 수 있다. 이는 존이 모든 주식의 4%(즉 그의 소유주의 20%)를 팔 수 있고, 16%를 가진 주주로 남는다는 것을 의미한다.

이 방식은 존이 어려운 상황에서 도망가는 것을 막고, 모든 주주가 평등하게 대우받도록 해 준다. 그것은 또한 존이 정말 회사에서 벗어나기를 원한다면, 그가 회사 전체를 살 바이어를 찾아서 모든 주주에게 탈출구를 마련해 주는 양상이 펼쳐질 것을 뜻한다.

# rule.92
## 절대로 가족이 주주가 되게 하지 말라

가족은 좋은 동료 주주라고 알려져 왔다. 왜 그럴까? 가족은 협력하고 이런 문제들을 해결할 수 있다고 여겨지기 때문이다. 한마디로 그들은 서로에게서 탈출할 수 없는 것이다. 그러나 정확하게는 이것이 문제가 된다.

가족 구성원들, 형제자매, 시댁과 처갓집 일가, 부모님 등은 예의 바르게 반대 의견을 피력하거나 다른 노선을 취할 수 없다. 따라서 그들은 의견 일치를 보도록 강요된다. 종종 합의된 의견이 가장 별 볼 일 없는 선택이고, 적어도 가족 구성원 중 한 명이 실망하게 될 수도 있다. 때로는 굉장히 실망하게 될 수도 있다.

마찬가지로 가족 소유의 주식에 돌아오는 적은 배당금 때문에 기업 경영과 방향에 대하여 정밀한 조사가 필요할 수도 있다. 하지만 이것은 두 가지 조건이 제대로 갖추어져 있을 때에만 가능하다.

1. 가족 구성원 중 한 명에게 주식이 집중되어 있다.
2. 경영진과 주주가 다르다.

최악의 시나리오는 가족 구성원들이 급여를 받으면서 서로의 임금 비율을 정해야 하는 경영자이기도 할 때 벌어진다. 이 시나리오는 재앙을 불러온다. 주식이 한 사람에게 집중되어 있거나 경영권과 주식 보유가 명확하게 분리되어 있는 경우에만 성공적인 가족 경영이 가능하다.

최악의 상황을 예로 들자면, 회사에서 중요한 경영자이거나 임원이기도 한 가족 구성원들이 많은 주식을 보유한 집합주주 구조(한 명의 주주가 통제권을 갖는 것이 아니고 큰 결정을 할 때 많은 주주들 간 동의가 있어야 하는 구조)를 상상해 보라.

이 구조가 제대로 작동하려면 매우 협력적이고 끈끈한 팀워크가 필요하다. 많은 결정을 하는 데 있어서 굉장히 높은 수준의 합의가 필요하고, 그런 경우에도 합의가 갑자기 반복적으로 번복될 가능성이 많기 때문이다. 게다가 가족 구성원들이 예의 바르게 반대 의견을 내세우기란 쉽지 않다.

나의 첫 번째 사업은 이런 구조로 이루어져 좋은 친구들과 가까운 가족을 함께 일하도록 끌어들였다. 한 그룹으로서 우리는 자주 같은 생각을 가지고 있었고 협력하고 합의점을 찾을 의지가 있었다. 그런데도 사람들의 자질과는 상관없이 그 구조 때문에 우리는 한바탕씩 정치적인 싸움과 의견의 불일치를 겪을 수밖에 없었다.

그렇게 하지 말라. 그리고 주식의 일부를 친구, 가족, 동료 임원들에게 천천히 나누어 주어 결과적으로 그런 일이 일어나게 하지 말라.

## 전문 주주를 얻어라

전문 주주들이 더 낫다. 그들 옆에서는 잠을 깨거나 크리스마스 칠면조를 나누어 먹을 필요가 없기 때문이다. 친절하지 않을 수도 있지만, 그들은 사업에 해가 되는 일을 막을 확률이 더 높다. 그들은 객관적으로 자신들의 주식 가치를 지키는 데 관심이 있다. 이는 내 주식의 가치도 함께 지켜 준다는 뜻이 된다.

사실 주주는 사업가가 해야 한다고 생각하는 것을 하도록 만들 때 요령껏 기분 좋게 해 주기를 원할 것이다. 그렇기 때문에 기분 좋은 방식으로 정직할 수 있는 주주를 찾아라. 쓴 약을 삼켜야 할 때, (가끔씩) 설탕이 코팅된 약을 삼키는 것이 도움이 된다.


## 일확천금을 노리는 주주를 피하라

많은 주주가 기업이 특정 궤도에 오르면 간단히 손 뗄 기회를 보고 있다는 것을 명심하라. 이것은 당신에게 너무 이른 것이고, 성취하고자 하는 것을 얻는 것을 방해할 것이다.

그러나 매매가가 충분히 좋다면 기회를 노려라. 주식을 잃을 수도 있고, (파산으로) 기업을 잃을 수도 있다는 것만 항상 기억하라.

하지만 새 사업을 시작할 능력은 절대로 잃지 않는다.

## 주주집합의 참상을 피하라

세계에서 가장 환대받는 투자가인 워렌 버핏Warren Buffett은 누군가가 명확한 통제권을 가지고 있는 (또는 그의 투자 후에 누군가가 명확한 통제권을 가질) 회사에만 투자를 한다. 물론 그는 51%의 주식을 가지고 있을 사람이 그 자신(또는 그의 회사)인 것을 선호한다. 물론 그것은 부분적으로는 세금과 관련한 이유 때문이기도 하다.

중요한 포인트는 그가 (한 사람이나 그룹이 통제권을 가지고 있지 않는) 집합주주 구조가 굉장히 비효율적이라고 믿는다는 데 있다. 전적으로 그가 옳다! 버핏의 의견을 무시하면 위험을 각오해야 한다. 집합주주 구조를 선택한다면,

- 규칙적인 이사회가 필요할 것이다.
- 이사회 전후에 사람들의 기대를 만들어 내는 데에 시간을 많이 쓰게 될 것이다.
- 주요 간부들도 주주라면, 그들도 선호하는 프로젝트에 대한 기대를 끌어올리고 지지 세력을 만들기 위해 시간을 많이 쓸 것이라는 사실을 받아들여야 할 것이다.
- 그룹으로서, 기업을 경영하는 데에 더 적은 시간을 사용하고 집합주주 구조를 선택하지 않았을 때보다 더 많은 업무를 더 빠르게 위임해야 할 것이다.
- 사업가나 임원이 될 수 있도록 한 자질이 (즉 영업부서의 경영을 잘한다고 해 보자) 집합주주 구조에서는 정치적 협상 중재를 잘하도

록 해 주지는 않는다는 사실을 받아들여야 할 것이다. 그리하여 나와 동료 임원들은 이 구조를 관리하는 데에 서툴지 모른다.

대체로 나는 (설립자와 그의 파트너들의 기술과 에너지를 빼앗아 버리고, 분열을 조장하여 전체 기업을 관통하게 하는 굉장히 비효율적인 구조라는) 또 다른 고전적인 실수를 만들고 있었던 것이다. 버핏이 집합주주 구조와 연관되고 싶지 않아 한 것도 놀랄 만한 일이 아니다. 그리고 당신도 연관되어서는 안 된다.

# 빚은 질병과 같다

빚은 유연성을 파괴하며 기업을 천천히 갉아먹는다. 또한 일찍 경영 계획을 고정시키게 만든다 — 이것은 합리적인 아이디어이다 — 하지만 그 후에 경영 계획을 현실에 맞추어 조절하는 것을 어렵게 만든다.

계획을 실행하는 몇 년 동안 시장은 계속해서 변화할 것이다. 경쟁자들은 시장에 적응하여 변화해 나가면서 발전할 것이다. 그리고 이런 식의 과정이 계속될 것이다.

하지만 불행하게도 회사의 빚 상태는 변하지 않을 것이다. 그러면 회사의 경영 계획을 바꾸기가 훨씬 어려워진다. 채권자의 동의가 필요할 것이며, 이게 불가능하지는 않다고 해도 확실히 어렵다는 것을 알게 될 것이다.

여기서 중요한 질문은 이것이다. 아이디어가 성공할 것이고, 수익이 나도록 실행될 수 있으며, 그것이 바뀌지 않을 것이라고 절대적으로 확신하는가? 만약 그렇다면 빚은 관리할 수 있다.

반드시 성공할 것이라고 생각하는 것이 아니고, 궁극적인 틈새시장에서의 실제 경영비용을 알았을 때 계획이 바뀔 수 있거나 초점이 변화할 수 있다고 생각한다면, 그리고 혁신의 자유를 가지고 싶다면, 빚은 회사의 발전을 제한할 수 있다. 물론 빚에 대한 이자 지불 비용이 있다. 단순히 이자를 규칙적으로 지불하는 것만 해도 많은 시간과 노력이 소요된다.

## 빚은 질병과 같다

|

빚과 대출금 관리는 참으로 사업가를 지치게 하는 일이다. 사업을 하면서 빚을 안 지는 게 제일 좋지만, 그게 말처럼 쉬운가? 어쩔 수 없는 상황이라면 다른 사람들에게까지 영향을 미칠 수 있을 정도로 아주 큰 금액을 빚지는 게 낫다.

## '빚이 정신을 집중시켜준다'의 오류

|

어떤 이들은 빚을 지는 것이 정신을 집중시켜 더 좋은 결과가 나오도록 돕는다고 조언한다. 이 말은 회사 직원들이 게을러지거나 무사안일에 빠졌을 때는 사실일 수 있다.

그러나 시작하는 단계에서도 이 말이 맞는 말일까? 빚은 이미 나의 평판을 위험하게 하고 있으며, 적당한 돈(또는 어떠한 돈도)을 6, 12, 18개월 동안 벌지 못할 수 있는 모험을 하는 것이다.

빚이 동기를 부여하는 충분한 장려책이 되지 않을까? 대체로 충분한 장려책이 되긴 한다. 그러나 내 경험에 의하자면 진실로 사업가적인 기질이 있는 사람들은 동기를 부여받기 위해서 빚을 필요로 하지 않는다.

물론 사업이 지금 대단히 성공적이어서 잠깐 쉬면서 망쳐 놓아도 된다면, 사업에 투자하는 누군가는 내가 많은 빚을 지기를 바랄지도 모른다. 단지 안정적인 범위에서 몰아내 다시 동기를 부여하기 위해서 말이다. 그런 식이라면 어느 정도 말이 된다.

그러나 시작 단계에서의 빚은 대체로 새로운 사업을 죽인다.

## 빚을 반드시 져야만 한다면 많이 져라

자금이 필요한 많은 신생기업은 실상 세 차례의 자금 조달이 필요하다. 그것은 단순히 경영비용, 환경, 신상품에 대한 시장 반응을 예측하기가 어려워서일 수도 있고, 모든 것이 예정된 시간보다 더 오래 걸려서일 수도 있다.

경험이 많은 엔젤 투자가에게 물어본다면 이 세 차례의 자금 조달이 연거푸 필요할 것이라고 답할 것이다. 그래서 빚을 질 것인데 20만 파운드가 필요하다고 생각한다면, 60만 파운드를 요청하라. 앞으로 두 차례의 자금 조달이 더 필요할 것이라는 가정 하에서 말이다.

추가적인 두 차례의 자금(40만 파운드)을 (에스크로로서 제3자에 예탁하여) 한쪽에 놓아두기로 하고 채권자들의 동의나 정해진 수준까지 도달하지 못하고서는 미리 사용하지 않기로 제안하라.

그러나 돈이 처음부터 조달되도록 하라. 엔젤 투자자들은 ― 내가 탐욕스럽게 행동하고 있다고 생각하기보다는 ― 내가 말하고 있는 사항에 대하여 알고 있다는 견해를 가질 것이다.

## 왜 빚이 없는 것보다
## 적은 빚을 지는 것이 더 나쁜가

|

세 차례의 자금을 즉시 조달받을 수 없다면, 스스로 조달하는 적은 양의 빚이 나를 파괴할 수 있다. 스스로 모으는 자금이 적을 뿐만 아니라 자금 조달에 드는 비용이 굉장히 많은 비율을 차지하게 될 것이다. 따라서 자금 조달이 회사의 주요 경영활동과 관련한 비용이 될 것이다.

이것은 사업을 발전시키는 데에 집중하는 것을 어렵게 할 것이고, 전체 기업을 위험에 처하게 한다.

그렇기 때문에 피할 수 있다면 어떤 일이 있어도 적은 양의 빚을 피하라. 피할 수 없는 경우라면, 시도하라(그리고 주주와 비상임이사회의의 결과를 받아들일 준비를 하라).

# rule.94
## 강한 비집행팀을 신중하게 만들어라

자금을 조달받아 좋은 점은 비상임팀을 만드는 데에 도움이 될 것이라는 것이다. 대출인들은 그들 편이 이사회에 있기를 원할 것이고, 이에 따라 적절히 구성된 비상임팀이 생겨날 것이다.

비상임이사는 매일매일의 기업 통제권은 가지고 있지 않지만, 경영이사와 간부 직원에게 책임을 추궁하는 역할을 하는 사람이다. 그들은 높은 급여를 받고 파트타임으로 일할 것이며 굉장한 경험과 방대한 연락처를 가지고 있다.

비상임팀은 투자자들의 돈이 제대로 쓰이고 기업의 가치가 최대화되도록 하기 위해 존재한다. 그래서 기업의 경영자와 리더로서 더는 공헌할 것이 없다고 판단될 때에는 나마저도 이사회 밖으로 내쫓을 것이다. 항상 이 점을 명심하고 나의 비상임팀을 만들어라.

# rule.95
## 사업의 세 단계를 이해하라

모든 새로운 사업은 세 단계를 거친다.

1. 수익 전 단계
2. 이익 전 단계
3. 재출시 또는 확장 단계

이것이 자금 조달의 세 단계일 확률 또한 크다. 초기 수익을 얻는 것은 예상보다 오래 걸리고, 이익을 내는 것도 그러하며, 재출시나 확장은 처음 상상했던 것보다 더 어렵다. 그렇기 때문에 수익 전 단계에서 자기 자본(기업의 주식)을 투자자들에게 나누어 줄 때에는 신중해야 한다.

이 첫 번째 단계에서 주식 가치가 없어 보여(가치 없는 주식!) 투자자들은 더 많은 주식을 요구할 것이다. 그러나 자신의 주식 40%씩을 각 단계에서 나누어 준다면, 세 단계 후에는 나는 겨우 22%만 가지고 있을 것이다.

어떻게 계산이 이루어지는지 보라. 나는 100%로 시작한다.

- 첫 번째 단계에서, 나는 40%를 나누어 주고 나머지 60%를 가지게 된다.
- 두 번째 단계에서, 나는 60%의 40%를 나누어 주고 나머지 36%를 가지게 된다.
- 세 번째 단계에서, 나는 36%의 40%를 나누어 주어 현재 내 주식은 겨우 21.6%가 된다.

이런 수치에 만족하는가? 사실 어떤 단계에서든 주식을 포기할 수밖에 없으므로, 가장 좋은 방법은 적어도 한두 단계를 건너뛰려고 노력하는 것이다.

위의 예에서, 기업이 수익 전 단계를 건너뛰게 할 수 있다면 — 즉 돈을 요청하기 전에 판매 수익을 올릴 수 있다면 — 한 단계에 40%씩 떼어 내는 자금 조달이 두 차례만 남은 상태에서 원래 보유하고 있던 주식의 21%가 아니라 36%를 가지게 될 것이다. 그러면 70% 더 많은 것이다. 그리고 회사를 매각하여 탈출 목표를 더 빨리 달성할 수 있다는 것을 의미한다.

물론 차이점은 대단하다. 2,000만 파운드에 매각되고 100만 파운드를 선불금 순익으로 얻는 회사에서 그것은 360만 파운드와 210만 파운드의 배당금 차이이다.

한 금액은 일생을 보장해 줄 수 있고 다른 금액은 집을 마련하고 세금을 낼 수 있게 해 주지만 연금까지는 제공해 주지 못한다.

투자자들은 사업가들이 많은 주식을 내어 주는 것의 결과가 굉장히 크다는 것을 알고 있다. 그래서 사실 그들은 수익 전 단계의 투자 기회에 회의적이다. 그들은 그런 사업가가 경험이 없고, 그래서 좋은 투자 선택이 아닐 것이라고 생각한다.

아이디어가 좋다면, 자금을 구하기 전에 수익을 내는 단계까지 끌어올려라. 그리고 이 단계에서 투자처를 구할지의 여부는 실제로 자금 조달을 미루면 기업의 장기 가치와 자산 또는 지적 재산권에 해를 입히게 될지에 달려 있다.

자금 조달의 연기가 기업 가치에 해를 끼치게 되는 명확한 사례를 — 더 자세하게는 지적 재산권 가치의 피해 사례를 — 찾을 수 있다면, 매우 이른 투자를 정당화할 수 있다.

그렇지 않다면 사업 제안에 대하여 이 논의가 확실하게 이루어질 수 있도록 하든지, 그 사업 제안으로 돈을 벌어들이는 더 좋은 방법을 사용하라.

## 투기하는 엔젤 투자자를 피하라

|

사업가들은 모든 엔젤 투자자와 재정의 근원이 같다고 믿는 고전적인 실수를 범할 수 있다. 그리고 현금을 보게 되면, 어떠한 일이 있어도 확보해야만 한다고 생각한다. 그들은 돈 냄새에 너무 흥분을 해서 그것이 올바른 종류의 돈인지 물어보는 것조차 잊는다.

엔젤이 정말 천사인가, 아니면 죽음의 키스인가? 엔젤 투자자는 천사가 될 수도 있고 죽음의 키스가 될 수도 있다. 그렇다면 무엇을 피하기 위해 살펴보아야 하는가? 최악의 엔젤 투자자는,

- 책임을 요구하지 않는다.
- 기업 가치를 거래하려고 한다.

'기업 가치를 거래하는 것'이란 표현이 의미하는 바는, 이 엔젤 투자자는 낮은 가격에 사서 높은 가격에 파는 데에만 관심이 있다는 것이다. 다른 것에는 큰 관심이 없다.

그들은 처음에는 낮은 가격을 요구하거나 추천할 것이다. 그런 후에 기업이 엄청난 판매고를 올려 과장된 목표를 성취하도록 만들 것이다. 그러면 기업에는 판매 하락, 소비자 불만의 증가, 수익을 너무나 빨리 증가시켜서 파생된 다른 나쁜 결과들이 생길 수 있다.

그래서 앞서 말한 것처럼 태그얼롱 권리가 굉장히 중요하다. 물론 엔젤 투자자들은 투자를 통해 돈을 벌고자 하고, 많은 경우에 싸게 사서 비싸게 파는 결과를 얻을 수 있다.

그러나 그것이 그들이 관심을 가지는 유일한 이유가 되어서는 안 된다. 투기에서 엔젤 투자자의 천사다움이란 찾아볼 수 없다.

사업가는 장기간 이윤을 얻을 수 있는 사업을 지속 가능하게 일구어 나갈 수 있도록 헌신적으로 도와줄 사람을 원한다.

## rule.96
## 스톡옵션은 안 된다

스톡옵션은 미래에 할인된 가격으로 주식을 살 수 있는 권리인데, 일반적으로 끔찍한 고정성을 가지고 있다. 본질적으로 사업가는 직원들이 무엇을 할 것인지에 대한 생각에 기반을 두고 스톡옵션을 분배한다. 어떤 직원들은 다른 이들보다 생각보다 자주 더 좋은 결과를 가져다주기도 한다. 어떤 이들은 굉장히 많은 실망을 안겨 줄 테지만, 여전히 스톡옵션을 가지고 있을 것이다.

해결책이 있다. 모든 옵션이 그 사람이 기업을 떠나는 순간부터 즉시 만기가 되도록 하는 것이다(그들이 해고되거나 계약이 종료되었기 때문에 떠나는 경우라 해도 말이다). 이 방안은 어느 때에나 옵션을 효과적으로 회수할 수 있게 해 준다.

그러나 더욱더 많은 사업가를 위한 훨씬 더 나은 접근법이 있는데, 그것은 옵션을 벌자마자 나누어 주는 것이다. 간단히 말하자면, 기업 매각에 가까워지기 전까지는 옵션을 주는 것을 보류하는 것이다.

이 시점에 이르면, 주요 간부들에게 그들이 한 일과 새 오너에게 어떤 헌신을 할 준비가 되어 있는지에 따라 그들에게 옵션을 지급한다.

이런 식으로 사업 초기에 약속할 필요가 전혀 없이 (항상 모두가 이것이 계속되는 약속에 기반을 둔 우호적인 제스처라는 것을 이해하도록 하면서) 무엇이 '가능할 수 있는지' 토론하며 부드러운 대화를 진행할 수 있다.

유연한 옵션의 단점은 이 옵션을 기업의 모든 사람에게 제공할 수 없다는 것이다. 하지만 단점이 그렇게 나쁜 것은 아니다. 옵션은 가치를 매기기 어려운 것들이고, 대부분의 고위 간부를 제외한 사람들은 옵션을 의심스럽게 바라볼 것이다. 더 나쁘게는 옵션에 어떠한 가치도 부여하지 않을 것이다.

새로운 오너에게 기업을 매각할 시점에 매수회사는 유능한 부서(팀)의 투입을 확보하려고 할 것이다. 이때가 직원들이 더 나은 연봉과 조건에 대해 협상을 시작할 수 있는 시점이다. 풋볼 팀이 프리미어십으로 승격되는 것과 비슷하다. 중요한 경기를 이겼을 때 그들은 모두 연봉 인상을 기대할 수 있지만, 회사가 실제로 최고 위치에 도달하기 전까지는 높은 연봉을 받을 수 없다.

이런 이유로 기업 매각이 가까울 때 특정한 주요 멤버들에게 스톡옵션을 제공하려고 할 수 있는데, 이것은 '고맙다'라는 말을 하는 것에 더 가깝다. 유감이지만 그것은 수여 행위이기보다는 호의의 제스처에 가깝다. 그 가치가 너무 커져서 그 멤버가 새 오너를 위해 일할 동기를 잃어버리게 하면 안 된다. 기업 가치는 부분적으로 직원들이 매수회사로 호의를 얼마나 잘 옮기느냐에 달려 있을 것이기 때문이다.

## 시장 점유율을 가지고 있다면 직원 주식을 이용하라

모든 직원과 사업 경영을 분담하고 싶다면, 완전한 가격으로 팔거나 제공하여 그들에게 주식을 주어라.

그러나 이것은 그들이 주식에 가격을 매기고 팔 만한 비공식적인 방법을 다룰 정도로 큰 기업을 가지고 있을 때에만 해당된다. 그래서 새 기업들은 이를 피하는 것이 가장 좋다.

그러나 큰 회생기업을 인수한다면, 이것은 아주 힘든 몇 년을 보낸 후의 호전기에 호의를 얻고 함께 나누는 방법이 될 수 있다.

## rule.97
# 나를 쫓아낸다면 올바른 가격에 물러나라

사업가들의 가장 큰 두려움 중 하나는 외부 주주들이 자신들을 몰아내는 일이다. 이런 일이 나에게도 한 번 일어날 뻔했고, 이에 나는 미친 듯이 저항했다. 하지만 서투른 짓이었다! 그들이 내 주식을 매입하여 나를 몰아냈고, 그때 나는 새로운 일을 시작하러 떠나는 것이 훨씬 나았을 것이다.

첫 번째 사업에서, 이런 일은 감정적으로 굉장히 쓰라릴 수 있다. 하지만 두 번째 사업을 경영할 때에는 쉬운 일이 된다. 계약서에 나를 쫓아낼 수 있다는 조건을 제시하도록 하고, 매출에 근거한 (이윤이 아니라 — 그 단계에 이르지 못했을 수 있기 때문에) 미리 합의된 비율에 의하여 내 주식을 매입하는 것을 포함하도록 하라.

좋다, 쫓겨날 수 있다는 사실을 인정했다. 이제 회사와 내 개인적인 요구 조건과 탈출 협정에 관하여 집중해야 한다.

사업가로서 자신을 위해 적절한 고용 계약서를 쓰거나 자신을 보호하려고 하는 일이 거의 없을 것이다. 왜 그렇게 하지 않는가? 이것은 내 일이다. 그렇지 않은가? 내 일이 아닐 때에만 그렇게 하지 않는 것이다.

빚을 지거나 필요한 투자를 받기 전에, 이사회에서 쫓겨나게 될 때 나에게 보상해 주고 주가를 보호해 줄 계약서를 적절하게 만들어 놓아라. 쫓겨나게 되면 주식의 전부나 일부를 팔기 원할 것이다. 주당 최저 가격이 계약서에 명기되어 있는지를 확인하라.

최저 가격은 공식에 의거할 수 있다. 예를 들자면 매출의 두 배로 기업을 평가하는 공식 말이다. 이윤을 공식에 사용하지 말라. 그 이유인즉슨, 많은 이윤을 가져다 줄 수 있다면 어떤 비상임팀이 나를 버리려고 하겠는가?

## 주가를 보호하기 위해서 두 개의 가치평가 방법을 사용하라

비상임팀은 내가 사라진다면 기업이 더 많은 이윤을 얻을 수 있을 것이라고 결정할 수도 있다. 이런 경우에 계약 종료에 대하여 돈을 지급받을 것이고, 이상적으로는 내 주식들을 팔 수 있기를 원할 것이다. 나가 달라는 요청을 받았을 때, 이익을 보호하는 주주 협정은 내 주식 가치를 두 가지 방법 ― 매출이나 이윤 ― 중 최선의 것을 사용하고 더 높은 가치가 나오는 방법을 선택함으로써 평가할 수 있게 해 줄 것이다. 이런 식으로 보호를 받을 수 있다.

기업 매출이 높지만 이윤이 낮을 때 나가도록 강요받는다면, 내 주식에 매출 기준의 가치평가 방법을 사용할 것이다. 기업의 성장이 완화되고 이윤이 안정적으로 높다면, 그 경우에 선호하는 방법은 이윤

기준이 될 것이다.

그렇더라도 주식 평가에 공식을 사용하는 방법이 좋은 거래가 아닐 수도 있다. 그러면 주식을 더 높은 가격에 팔 수 있는지 확인하기 위해 시장에 나갈 권리를 유지해야 하기 때문이다. 그러나 어쨌든 간에 계약서는 적어도 주식에 대한 최저 지불금과 함께 명확한 탈출구를 제시해야 한다.

새 투자자들은 비상임팀의 실력이 좋고 사업가인 나를 내보내겠다는 결정이 옳다면 주식에 대해서 당연히 더 많이 지불하려고 할 것이다. 그러면 기업의 전망이 더 밝아지고 새 투자자들을 찾기도 쉬울 것이다.

만약에 그렇지 않다면, 막무가내로 떠나야 한다는 비상임 간부들의 주장은 분명히 명분이 약할 것이다. 할 수 있는 것은 그런 주장이 나온 이유가 그들의 실력이 없어서라고 생각하고 잊고 떠나는 것이다.

# 너무 늦기 전에 영업을 중지하라

시장이 무너지거나 상품이 실패했을 때, 그리고 사업이 빠르게 추락하고 있을 때는, 더 늦기 전에 빨리 구제 금융을 받는 것이 나을 수 있다. 구제 금융을 통해서 영업을 중지하라는 것이다. ― 그리고 오직 그때에서야 ― 지정된 청산인이 모든 직원을 정리해고하고 (사무실 임대료 같은) 모든 계약의 조건에서 벗어날 수 있도록 협상하라.

청산인은 전문 회계사인 경우가 많고, 대체로 큰 회계법인에서 온다. 어떤 회사들에는 전문 세무 파트너가 있는 것처럼 다른 회사들은 청산 전문 회계사들을 두고 있는 경우가 있다.

## 사업이 잘못되기 전에
## 소수 정예의 프리랜서 직원 그룹을 만들어라

|

경영 상황이 여전히 나쁘지만 아직은 괜찮은 전망을 가지고 있고 만기가 돌아올 때에는 채무를 갚을 수 있으리라 기대된다면 직원 규

모를 줄이고 — 이들도 프리랜서나 단기 계약직 직원들로 구성하고 — 원래의 직원들로부터 경영에 요구되는 의무를 수행하기 위해서 예전보다 작은 규모의 재집중팀을 만들어라.

예를 들자면 고객들에게 연간 구독권을 팔았을 수 있다. 그런 경우에 그 남은 구독권을 제공하거나 구독하지 않은 부분을 반환해야 할 것이다. 이런 경우에 모든 돈을 환불하는 것보다 적은 규모라도 직원을 유지해 회사를 운영하는 편이 더 낫다.

그러면 적어도 그해 말에 가면 부족하지만 여전히 귀중한 구독자 명단을 보유하고 있을 것이고, 회사 브랜드는 건재할 것이다.

여기에서 조심해야 할 것이 있다. 일단 회사가 만기 때까지 채무를 갚지 못할 것이라고 생각된다면, 한 채권자(즉 돈을 지불해 주어야 하는 사람이나 기업)를 다른 채권자와 차별대우하지 않도록 하는 것이다.

따라서 어떤 직원에게는 퇴직금을 주고, 어떤 직원에게는 퇴직금을 지불하지 않는다면, 돈을 받지 못한 채권자들은 나를 개인적으로 고소할 수 있다(유한 책임 보호가 여기서는 적용되지 않는다).

이것은 프리랜서 직원 구조로 바꾸어 이를 고수해야 하는 또 다른 이유가 된다.

## 자회사를(특히 외국 지사를) 먼저 닫아라

만약 자회사들을 닫기 전에 지주회사를 닫는다고 하면 청산인에게서 필요한 동의를 얻기 위해 모든 종류의 문제를 겪을 것이다. 그리고 지주회사의 국가 밖에 자회사들을 가지고 있다면 정말 큰 곤경에 처할 것이다. 청산인이 그 나라의 회사법을 이해하지 못하든지 ― 이해하면 더 나쁠 것인데 ― 그의 전문성에 대해 굉장히 높은 임금을 부과할 수 있기 때문이다.

이럴 땐 단순하다. 자회사를 먼저 닫고 지주회사를 닫아라. 만약 지주회사가 영업을 중지해야 할 위험에 처했다는 생각이 들면 자회사들을 재빨리 닫기 시작하라. 사업이 다시 호전될 것이라는 희망에서 이를 연기하는 덫에 빠지지 말라.

## 파산의 유형을 이해하라

|

이전에 파산을 경험한 적이 없다면 당연히 그것에 대한 지식이 많지 않을 것이다. 그러나 기본적인 실용지식은 모든 사업가에게 꼭 필요하다. 이것은 비관주의가 아니라 단지 사업가 경력을 살려 주기 위한 일종의 실용정보이다.

이 세상에서 가장 성공적인 독자노선을 걷는 사업가라 하더라도 이 정보가 없이는 그렇게 안전하지 못하다. 파산에는 세 가지 유형이 있다.

1. 채무자가 지급을 할 수 없는 때에는 법원은 신청에 의해 결정으로써 파산을 선고한다.
2. 채무자가 지급 정지를 한 때에는 지급 불능으로 추정한다.

3. 부채 총액이 자산 총액을 초과하는 채무 초과의 상태도 해당
   한다.

첫 번째 경우에는 지급 불능을 파산원인으로 한다. 지급 불능의 판단 기준은 채무액만으로 결정되는 것이 아니라 채무자의 연령 · 직업 · 기술 · 건강 · 재산과 부채의 규모 등을 종합적으로 고려한다. 그 결과 채무를 계속적 · 반복적으로 변제하는 것이 객관적으로 불가능하다고 판단될 때 결정된다.

두 번째 경우의 지급 정지는 독립된 파산 원인이 아닌 채무자의 주관적 행위이지만 입증을 하기만 하면 지급 불능의 상태로 추정하여 파산 원인이 될 수 있다. 그러나 변제에 일시적 장애가 있거나 변제의 가능성이 있는 경우에는 일시적인 지급 중지에 불과하다.

세 번째의 경우에는 합명회사와 합자회사의 파산 원인은 지급 불능에 국한하고 채무 초과는 제외된다. 이는 합명회사와 합자회사와 같은 인적회사의 경우에는 무한책임사원의 신용을 변제 능력의 구성요소로 보기 때문이다.

이때 청산 사무를 맡아서 처리하는 청산인들이 필요한데, 각각의 청산인들은 이사들에게 자신들을 회사 청산인으로 추천해 달라고 요청할 것이다. 그러나 이 결정은 임원들이 아니라 채권자집회에 참석한 채권자들에게 달려 있다.

만약 채권자들이 납득할 이유에서든 아니든 기업 이사들이 그들의 이해관계에 가장 유리하게 행동하고 있지 않다는 의혹을 가지게 된다면 채권자들은 자신들이 청산인을 지명하길 원할 것이다.

그러나 채권자들로 하여금 이사 자신들이 고른 청산인을 지명하도록 설득해 낸다고 해도 청산인은 이사들이 아니라 채권자들을 위해 일하며, 편파적이지 않게 보이기 위해서 이사의 삶을 쉽게 지옥으로 만들 수 있다.

청산인들은 이사인 내가 아니라 채권자들을 보호하는 의무를 주로 가진다는 것을 잊지 말아라.

그래서 청산인의 모든 조언을 의지하는 것은 현명하지 못하고, 그들이 신뢰할 수 있는 회계사와 비슷하다고 믿는 것은 신중하지 못한 행동이다(내가 신뢰하는 회계사가 추천한 경우라도 말이다).

이것은 그들의 일에 철저한 속임수가 있다는 뜻이 아니라 단순히 그들이 누구를 위해 일을 하는 건지 혼동해서는 안 된다는 것을 알려 주려는 것이다. 결코 나를 위해서가 아니다. 그러니 그들이 얼마나 친절하든지 간에 이런 고전적인 실수에 빠지지 말라.

## 주식을 가진 이사가 가장 취약하다

|

어떤 채권자들이 채무를 완전히 상환받지 못할 위험에 처한 경우에 내가 주주이면서 동시에 이사라면 공격을 당할 수 있으므로 이에 대비해야 한다.

사업이 어렵다는 사실이 명확할 때, 채권자의 이해관계에 가장 유리하게 행동하지 않았다는 것을 알게 되면 이사 자격을 박탈당할 수 있고(몇 년 동안 임원으로 일하거나 기업을 경영하는 것을 제지당한다는 것을 뜻한다) 채권자가 개인적으로 나에게 채권을 청구할 수도 있다. 이런 일로부터의 보호책은 없다.

만약 유한 회사를 가지고 있다면 이것은 놀라운 일이 아닐 수 없다. 채권자들이 신실하지 못하게 행동해 온 것처럼 보일 수 있다면, 이사인 나는 채권자에게 돌려주어야 하는 돈에 대하여 책임을 져야 한다.

그리고 채권자들은 쟁쟁한 변호사들을 고용하여 이 시나리오를 가지고 나를 협박하는 방법을 알 것이다. 그것이 비록 성공하지 못할 것이라고 생각하더라도 나를 겁줘서 그들의 의뢰인들에게 혜택이 가는 협정을 맺도록 할 것이다.

그렇기 때문에 이사인 내가 회사의 유한 책임에 의해서 안전하게 보호된다고 믿지 말라. 그렇지 않다. 기업을 이에 맞게 경영하라.

## 이사가 해야 하는 일들을 잊지 말라

몇 년 동안 사업을 해 왔고 눈앞에서 자신의 꿈이 사라져 가는 것을 본다면, 모든 것을 그만두고 빠져나가고 싶은 유혹에 빠질 것이다. 하지만 아무리 유혹이 강할지라도 쇠약해져 가는 기업을 배신하지는 말라. 이사인 내가 회사나 사업 파트너 기타 등등의 유한 책임에서 확실히 보호받을 필요가 있다. 그러니,

• 채권자들의 권리를 해칠 수 있는 것은 아무것도 하지 말라.

- 너무 늦거나 강요를 받기 전에 (그리고 이상적으로는 채권자들에게 지불할 충분한 돈이 있을 때) 기업 파산을 선고하라(또는 영업을 중지하라).
- 회사의 영업 중지 12개월 전부터는 어떠한 추가 수수료, 배당금, 월급도 빼내 주지 말라. 그것들을 내준다면 다시 갚아 내야 할 것이다. 정상적인 계약을 통한 수수료나 직원들의 급여는 괜찮다.

## 12개월 보호 규칙

좋은 정보가 있다. 적어도 12개월 전이나 그 이전에 했던 일들은 채권자들에 의해 신실하지 못하게 행동한 것으로 여겨질 수 없다는 것이다. 그래서 여러 개의 기업 중 하나에서 돈을 빼내거나 많은 배당금을 챙기기로 결정을 한다면, 영업 중지를 당할지 모르는 때보다 적어도 12개월 전에 반드시 이를 행하도록 해야 한다.

아니면 간단히, 돈을 받은 후로 12개월까지는 갚을 준비를 하라. 그러나 그 기간을 지나면 위험부담 없이 안전하게 그 돈을 쓰거나 투자할 수 있다.

어떤 청산인도 이 사실을 알려 주지 않을 것이다. 그건 이득이 되는 방향으로 규칙을 조정하는 방법을 보여 주는 셈이기 때문이다. 하지만 나는 청산인이 아니고 청산인이 될 생각도 없다.

## 영웅에서 악당으로

|

일단 성공했거나 또는 자리 잡은 기업이 영업 중지를 선언하면, 임원/주주가 영웅에서 악당으로 변할 것이다. 모두가 부러워하는 기업을 소유했던 영웅에서 졸지에 사람들의 일자리를 잃게 만든 악당이 된다는 뜻이다.

이런 감정 변화에 대해 준비하는 것은 중요하다. 준비가 되어 있지 못하다면, 적어도 이것이 단지 인간의 본성이라는 것을 깨달아라.

많은 사사로운 모욕이 나를 향해 쏟아져도 이것을 사적으로 받아들이지 말라. 이것은 단지 사람들이 나에게서 돈을 벌어들이지 못했다는 것을 깨달았기 때문이다. 때로는 그것 때문에 질투를 하고 있을 수도 있다.

이상하게도 많은 사람들이 내가 의무 이행 없이 떠나는 것을 보는 걸 싫어한다고 깨달을 것이다. 어떻든 회사 설립자로서 내가 고통을 느껴야 한다는 인간의 꼬인 논리가 있다.

여기서 해 줄 수 있는 조언은 몸을 사리고, 자신의 의견을 밝히지 말며, 특정 사람들이 그들의 삶을 살아나가기 전까지는 그들로부터 떨어져 있을 준비를 하라는 것이다.

사적으로 받아들이지 말라. 그것은 나에 대한 것이 아니라 다른 사람들 자신의 감정 문제임을 기억하라. 그리고 그것은 내가 통제할 수 있거나 책임을 느껴야 하는 부분도 아니다.

## 영업 중지에서 채권자집회까지의 침체기

이런 이야기를 해 주는 사람은 청산인을 포함해 분명히 거의 없을 것이다. 그러나 회사가 영업 중지를 결정하는 시점(정리 해산 과정의 시작이라고 부름)과 사업 책임이 채권자집회에서(예전 임원들이 아니라 채권자들에 의해서) 지정될 청산인에게 이동하는 시점 사이에 약 2주에서 4주간의 기간이 있다.

이 기간 동안에 이사들에 의해서 추천되었지만 아직 지정되지 않은 청산인이 모든 잠재적 채권자에게 회사 결정에 대해 알리고, 돈을 받아야 한다면 그것을 요구하도록 하고, 채권자들이 (직접 또는 선출된 사람을 통해서) 참석할지도 모르는 채권자집회의 세부내용에 대해 알리기 위해 연락을 할 것이다.

이 기간 동안에 기업은 어떤 청구서도 지불할 수 없고 (주식 같이) 즉시 이행될 수 없는 판매도 이루어질 수 없다. 근본적으로 누구도 자산을 가지고 도주할 수 없도록 하기 위하여 이사들은 유효한 힘이 없는 상태에서 명목적으로 경영을 맡는다. 채권자의 요구를 충족시킬 충분한 자금이 없다면 이사들은 이 서비스에 대해 임금을 받지 못한다.

이 기간을 가능한 한 짧게 계획하고 영업 중단 결정을 하기 전에 모든 것이 제대로 정리되도록 하는 것이 현명하다. 중요한 메일링 목록 같은 자산이 있다면 이 기간 동안에 도난을 당하거나 간단히 버려질 수 있다.

## 채권자집회에서 무엇이 잘못될 수 있는가

채권자집회는 이사들의 진술서를 검토하고, 지난 12개월간의 사업 경영에 대해 질문하며, 청산인을 지정하기 위해서 만들어진 자리이다. 그러나 채권자들은 이사들이 추천한 청산인을 반드시 지정할 필요가 없고 자신들이 청산인을 지정하도록 투표할 수 있다. 채권자들이 내세운 청산인은 일반적으로 채권자들에게는 호의를 보이며 이사들에게 힘든 시간을 줄 것이다.

누가 청산인이 될 것인가에 관한 결정은 채권의 양에 기반을 두고 표결에 부쳐진다. 그래서 각 채권자는 미수금 1파운드당 한 표씩을 부여받는다. 이사들도 채권자가 될 수 있으므로 투표권이 있다. 가장 많은 표를 받은 청산인이 지명된다. 채권자집회의 표를 잃지 말라.

이 점은 매우 중요하다. 회사가 영업 중지 전에 얼마나 많은 채권자들을 회사 편에 서게 할 수 있는지 계산해야 한다. 모든 채권자와 대화하라는 것이다. 특히 영향력이 큰 채권자들에게는 지금 회사 사정이 어떤지에 대해 자세히 말해 주어야 한다.

그렇게 하는 것은 쉽다. 하지만 나는 사업을 지속할지 닫을지에 대하여 옳은 결정을 하려는 노력과 직원들이 어떻게 될지에 너무나 집중해 유력한 채권자들과 대화하는 것을 잊는 고전적인 실수를 저질렀다.

이런 실수를 저지르지 말라. 유력한 채권자들이 사업이 어떻게 마무리시킬지를 — 빠르고 깔끔할지, 아니면 쓴 비난과 함께일지 — 결정한다는 사실을 기억하라.

근본적으로 사업이 곤경에 처해 있을 때, 우선순위는 주주를 위하는 행동을 하거나 직원들을 살피는 것이 아니고 채권자들을 돌보는 것이다.

## 한 채권자의 채무만 상환하지 말라

그래서 사업을 청산하기 전에 이사들이 채권자들의 이익을 차별하지 않았다는 것을 보장하는 법적 의무를 가지는 것은 당연한 일이다.

간단히 말하자면, 한 채권자의 채무는 상환하고 다른 채권자의 채무는 상환하지 않을 수 없다. 마찬가지로 기업이 영업 중지를 결정할 순간에 가까워지고 있다고 믿는다면 법적 의무(즉 대출)를 져서는 안 된다. 직원이 해고되거나 돈을 받아야 한다면 그들 또한 채권자이다.

## 환자를 대하는 태도가 좋은 의사는 고소당하지 않는다

말콤 글래드웰Malcolm Gladwell가 그의 저서 『블링크Blink』에서 밝힌 비판적 통찰을 잊지 말라. 고소당하지 않는 의사는 환자와 잘 소통하는 의사들이다. 더 실력 있는 의사들일지라도 환자들과 대화하는 시간을 갖지 않는다면 더 자주 고소를 당한다.

그러므로 채권자들과 대화하라. 이런 중요한 순간에 그들의 지지를 받도록 열심히 일할 필요가 있다.

# rule.99
## 올바른 기회를 선택하라

결국 사업가로서의 성공은 올바른 기회를 선택하는 데서 나온다. 가장 똑똑한 사람이 될 필요도, 가장 열심히 일할 필요도 없지만, 나는 여전히 다른 누구보다도 더 잘 해낸다. 단순히 올바른 기회를 선택했기 때문이다. 그런데 무엇이 올바른 기회인지는 어떻게 알까?

## 시작하라

모두가 어디서부터는 시작해야 한다. 하지만 너무나 많은 사업가 지망생이 결코 시작하지 않는다. 그들은 자신들의 아이디어에 자금이 지원되기를 기다리느라 시작할 수 없다, 그들은 엑셀로 경영 계획서를 작성하느라 너무 바빠서 사업에 착수할 수 없다.

이 책 전반에 걸쳐 나는 사업 성공을 돕기 위한 다양한 규칙들을 펼쳐 놓았지만, 자신이 시작하지 않는다면 그 규칙들은 모두 가치가 없다. 그리고 어디에 있든지 간에, 완벽한 상황이란 결코 없다. 심지어 초기에는 올바른 기회가 오지 않을 수도 있다. 그런 것들이 나를 멈추게 하지 말라.

## 기꺼이 실패하라

경영 아이디어를 실제적으로 실행해 보기 전까지는 어떤 것이 올바른 기회인지 정말 알 수가 없을 것이다. 그러나 일단 시작하고 나서 눈을 열어 둔다면 그것이 올바른 기회인지 아닌지가 명확해질 것이다. 기꺼이 실패할 각오가 되어 있어야만 그 기회를 잡을 수 있다.

나는 사업가로서의 인생을 건강보조식품 관련 일을 하면서 시작했다. 흥미롭고 수익성이 좋았으며 많은 것을 배웠지만, 내 열정이 머무는 곳은 아니었다.

처음으로 완전히 성숙한 나의 다음 사업은 디지털 출판이었다. 누구도 e북과 온라인 정보를 판매하여 돈을 벌지 못했던 1999년에 시작했다. 다양한 종류의 e북, 다운로드용 게임, 온라인 툴을 출시했지만 잘 팔린 것은 부동산 투자와 관련한 책과 소프트웨어였다.

나는 실제 세계를 실험실로 이용했다. 잘 팔리지 않았던 알로에 베라 관련 건강 서적, 몇 개 못 팔았던 살인 미스터리 게임, 실패했던 그림 위주의 복잡한 온라인 목표 시스템 등을 출시하면서 말이다.

그러면서 점차 수익률이 좋은 부동산 투자와 관련한 콘텐츠를 가지고 있다는 사실을 깨닫게 되었다. 이런 깨달음은 서서히 다가온다. 하지만 어느 누구도 우선 시작하는 것을 거부하고서는 그런 깨달음에 닿지 못했다. 어느 누구도 처음이든 도중이든 실패에 대해 지나치게 두려워하고서는 그런 깨달음에 닿지 못했다.

## 열정을 따라라

|

마지막으로, 무엇이 자신의 열정을 충족시키고 있는지 확인하라. 나는 출판을 사랑해 디지털 출판 회사를 시작했지만 시간이 흐르면서 그 사업은 부동산 판매업으로 변해 있었다.

돌아보면, 이 변화를 깨달았을 때 부동산에 열정적인 누군가에게 회사를 인수하도록 하는 것이 더 나았을 것이다. 더는 열정적이지 않은 것에 매달렸기 때문에 나는 출판업에 대한 더 많은 기회들을 잃고 말았다.

그래서 시작하고, 두려움을 없애고, 계속해서 열정적인 자신감이 있다, 이 세 가지 조건을 결합한다면 나를 위한 남은 조건 하나는 계속하는 것이다.

## 계속하라

|

분명히 도중에 시행착오를 겪을 것이다. 성공을 만날 수도 있다. 좋은 상황과 나쁜 상황, 성공과 실망을 위대한 사업가의 여정으로 변화시키는 비결은 나다. 계속해서 다음 것을 시도해 나간다면, 어떻게

해서든 해낼 것이다. 그리고 이를 위해서는 하나의 사업 기회보다 나 자신이 더 크다는 것을 항상 기억하라.

# 사업은 흥하고 망하게 마련이다

사업가들은 그들의 기업 및 브랜드와 자신을 매우 밀접하게 동일시한다. 이것은 때론 좋지만, 언젠가는 독립해야 한다. 이왕이면 돈, 아이디어, 시간을 가지고 말이다.

때때로 그것은 내가 직접 한 선택일 수도 있고, 때로는 안타깝게도 다른 사람들의 선택일 수도 있다. 그러나 어떻게 떠나든지, '나는 사업가이고 기업을 시작하는 사람이다'라는 사실을 절대로 잊지 말라.

나는 기업이 아니며 기업도 내가 아니다. (좋은 상황이건 나쁜 상황이건) 기업을 떠나보내고도 사업을 계속해야 하는 시기가 온다. 나는 항상 기업체보다 더 크다. 굉장히, 훨씬 크다.

사업가의 일을 잘 해내는 것은 짧은 여정이 아니다. 어떤 분야에서 특별한 기술을 개발하는 것과 마찬가지로 시간, 헌신, 노력이 필요하다. 성공한 사업가들을 실패한 사업가들과 구별해 주는 한 가지는 그들이 실망감이나 실패를 다루는 법을 배운다는 점이다.

앞서 말한 것처럼, 나는 8년의 눈부신 성장기보다 이전 기업이 망하는 것을 본 2년간 더 많은 것을 배웠다.

혁신하는 모든 기업은 실패를 경험한다. 토머스 에디슨Thomas Alva Edison이 전구를 발명하는 과정에서 많은 실패를 경험하고, 조앤 K. 롤링Joan K. Rowling이 수많은 출판사로부터 『해리 포터Harry Potter』 1권의 원고를 거절당한 것과 마찬가지로 말이다.

사업과 인생의 거의 모든 성공 뒤에는 계속된 실망이 있다. 그것을 할 수 있는지 또는 다시 할 수 있는지 생각해 보고 있는가? 나보다 먼저 그런 고민을 겪었던 수천 명의 사람들의 대답은 단호하게 '할 수 있다'였다.

## '원칙'들은 언제나 똑같다

내가 제시한 많은 조언은 특별히 정치적으로 공정한(차별적인 언어 사용과 행동을 피한) 것은 아니다. 그리고 어떤 사람들은 이 규칙들이, 특히 직원들에게 몹시 가혹하다고 말할 것이다. 누구든지 스스로 이 책에 대하여 자유롭게 판단할 수 있다.

내 경험에 의하면, 가혹함이란 내가 무엇을 시행하는가가 아니라 어떻게 시행하느냐의 문제이다.

나는 경험을 통해서 어려운 행동을 빨리 취하지 않으면 이후에 취해야 하는 단계들의 심각함이 단지 연기되거나 확대될 뿐이라는 사실을 알게 되었다. 그래서 착하게 보이기 위해 필수적인 행동을 피한다면 장기적으로는 진정한 혜택을 볼 수 없다. 그리고 어려운 결정들이 반드시 가혹하게 내려질 필요는 없다는 사실을 기억하라.

굉장히 높은 기준을 세워 두고 그 기준을 충족시키기 위해서 쉽든 어렵든 상관없이 모든 종류의 행동을 취할 수 있다면, 당신은 배려 있는 간부로 보일 수 있다. 그러나 더욱 중요한 것은 함께 또는 받들며 일하기에 아주 좋은 사람으로 보일 수 있다는 점이다.

당신은 실수를 하게 될 것이다. 그것은 모두 사업가로서 성장하기 위한 과정이다. 실수에 대하여 염려하고 그것을 피하기 위해 할 수 있는 모든 일을 하는 것은 자연스러운 일이다. 이 책이 당신의 가장 큰 실수들을 피해 갈 수 있도록 안내해 주었기를 바란다. 아니면 적어도 이 책이 그 실수들을 했을 때 알아챌 수 있게 하고, 다음에는 그 실수들을 피하는 방법을 보여 주었길 바란다.

물론 이 책의 일부 아이디어들은 실제 업무에 적용되었을 때 서로 충돌한다는 것을 발견할 것이다. 그런 경우에는 어떤 아이디어를 우선시할지, 어떤 아이디어를 버리거나 무시할지를 결정할 필요가 있다. 사업가들이 하는 대부분의 일은 이론을 배우고 시행착오를 거쳐서 적용하고 개선하면서 그것을 업무에 잘 섞는 것이다. 사업가 각각은 약간씩 다른 스타일을 가지고 있고 다른 방식으로 일을 처리할 수도 있지만, 궁극적으로는 많은 원칙들이 똑같다.

이 책이 사업가로서 당신의 학습과 성숙 과정에 3년을 더할 수 있다면 이 책은 그 무게만큼의 금과 같은 가치가 있을 것이다. 비록 이 책이 즉각적인 성공과 부를 보장할 수는 없을지라도 말이다(물론 누구도 그런 것을 보장해 줄 수는 없다. 보장해 줄 수 있다고 말하는 자들을 경계하라).

좋은 사업가의 자질과 가장 독창적이고, 도전적이고, 보람찬 경영의 길을 걸어온 다른 이들로부터 배울 점에 대한 내 생각을 항상 개발하고 나누고 있다. 더 많은 생각을 듣기 원한다면, www.RagstoWreckages.com에서 발행하는 무료 뉴스레터를 받아 보길 바란다.

# 최고의 사업가는 어떻게 그 자리에 섰는가


**초판 1쇄 인쇄** 2014년 05월 01일
**초판 1쇄 발행** 2014년 05월 07일

**지은이** 닐 루이스
**옮긴이** 이종국

**펴낸이** 김연홍
**펴낸곳** 아라크네

**출판등록** 1999년 10월 12일 제2-2945호
**주소** 121-865 서울시 마포구 성미산로 187
**전화** 02-334-3887  **팩스** 02-334-2068
ISBN 978-89-98241-37-7 13320